집과 학교에서 관계 때문에
매일 상처받고 힘들어하는 청소년이
스스로 치유할 힘을 기를 수 있도록
선택을 도와주는 책

이대로
어른이 되어도
괜찮을까요?

이대로
어른이 되어도
괜찮을까요?

2018년 12월 17일 처음 펴냄
2021년 6월 15일 6쇄 펴냄

지은이 이남석
펴낸이 신명철 | 편집 윤정현 | 영업 박철환 | 관리 이춘보 | 디자인 최희윤
펴낸곳 (주)우리교육 | 등록 제 313-2001-52호
주소 03993 서울특별시 마포구 월드컵북로 6길 46
전화 02-3142-6770 | 팩스 02-3142-6772
홈페이지 www.urikyoyuk.modoo.at

ISBN 978-89-8040-699-9 43180

이 도서의 국립중앙도서관 출판시도서목록(CIP)은
서지정보유통지원시스템 홈페이지(http://seoji.nl.go.kr)에서 이용하실 수 있습니다.
(CIP 제어번호:CIP2018039096)

집과 학교에서 관계 때문에
매일 상처받고 힘들어하는 청소년이
스스로 치유할 힘을 기를 수 있도록
선택을 도와주는 책

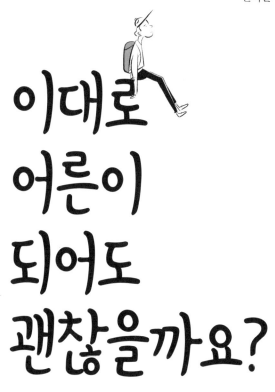

이대로
어른이
되어도
괜찮을까요?

이남석 지음

우리교육

인생 경험도 없는데 지금 꼭
뭔가를 선택해야 하느냐고 묻는 친구들에게

안녕? 나는 글을 쓰고, 강연하는 사람이야. 그리고 강연을 통해 만나는 사람 대부분은 청소년이지. 그들은 강연이 끝나고 자유로운 질문 시간에 내게 갖가지 고민을 털어놔. 내가 고민에 대한 답을 하면 대부분 밝은 표정이 되지만, 가끔은 표정이 그리 밝지 않은 친구도 있어. 그 이유를 물어보면 이런 식으로 대답해.

"아무리 그 말이 맞아도 걱정이 돼요. 10년 남짓한 길지 않은 인생에서 무언가를 선택하는 것은 성급한 것이 아닐까요?"

자신의 선택으로 인생이 달라질 수 있다는 말은, 현재의 문제를 해결하려면 어떻게든 도전을 해야 한다는 뜻이었지만, 그런 친구들은 한 번의 선택으로 인생이 그렇게 쉽게 바뀐다면 너무 무섭다는 생각을 한 거지. 좀 더 시간을 갖고, 좀 더 좋은 사람에게, 좀 더 좋은 답을 들을 때까지, 좀 더 괴롭게 지내도 좋다는 뜻이냐고 대답하고 나면 '이러려고 내가 먼 길 와서 열심히 강연한 것인가'

하는 자괴감이 든단다.

'먼 길' 하니까 생각나는 것이 있어. 흔히 사람들은 인생을 마라톤에 비유해. 그런데 청소년은 10년 남짓 살았으니, 평균 수명을 편하게 100세로 계산해서 마라톤에 비유하자면 고작 5킬로미터 정도 온 셈이야. 그런 선수에게 어떤 코치가 "야, 힘내. 앞으로 37킬로미터 남았어!"라고 외치면 힘이 날까? 아니면 "아직 긴 인생길이니까 성급하게 달리지 말고 일단 가만히 있어 봐."라고 조언하는 것이 현명한 일일까?

마라톤 선수는 지나온 길이나 앞으로의 길을 생각하지 않고 지금 이 순간 발을 내딛는 것에 집중해. 중간에 쉬려고 하지도 않지. 인생이 마라톤이라면 바로 이런 자세를 교훈으로 삼아야 하지 않을까?

10년 남짓한 삶에서 경험한 것이 많지 않다며 지금 아무것도 선택하지 않는다면, 어떻게 20년, 30년 삶에 경험이 쌓일 수가 있겠어? 그때도 "아직 아파해야 하는 청춘이라 선택하지 못하니 좀 더 나중에 해야 하지 않을까요?"라면서 미뤄야 할까?

사람들은 "최선의 선택을 하고 싶다"고 말해. 하지만 그 말 속에는 사실 "최고의 선택을 하고 싶다"는 욕망이 숨어 있지. 현실에서 '최고의 선택'을 하는 건 거의 불가능해. 여러분이 대한민국에서는 어떤 문제에 대해 가장 나은 선택을 할 수는 있겠지만 아시아, 세계로 범위를 넓혀서 계속 상대 비교를 한다면, 최고의 선택을 하는 건 점점 어려워질 거야.

그래도 우주의 기운까지 모아 더 노력해서 세계 최고의 선택을 할 수도 있어. 하지만 역사적으로는 최고의 선택이 될 수는 없어. 나보다 전에 살았던 사람과 비교해서 더 나은 선택을 할 수도 있을지 모르지만, 내 후대의 사람들도 넘보지 못할 선택은 할 수 없어. 왜냐고? 후대의 선택이 내 것보다 못하다는 것을 확인하려면 신과 같이 과거와 현재와 미래를 모두 동시에 볼 수 있는 위치에 있어야 하니까. 이게 인간으로서는 불가능하단 건 알고 있지?

사실 대한민국 최고의 선택도 불가능해. 여러분이 대한민국에 있는 모든 선택에 대한 정보를 다 가진 것은 아니고, 나중에 다른 사람이 할 선택에 대한 정보나 전에 있었던 선택에 대한 정보를 다 가진 것도 아니니까. 그저 지금 상황에서 가장 나은 선택을 할 수 있을 뿐이지. 마라토너가 5킬로미터를 달렸든 40킬로미터를 달렸든 자기 처지에서 최선을 다해 달리는 것처럼.

홈쇼핑 방송을 보다가 마감 세일 전 특별 추가 할인에 주문한 사람은 최고의 선택을 했다고 좋아해. 하지만 나중에 다른 홈쇼핑의 정보를 들으니 자기가 산 값보다 몇천 원 정도 싸게 파는 곳도 있었어. 이때 내가 한 최고의 선택은 최선도 아니고 차선도 아니고, 그저 후회스러운 선택이 되어 버리고 말아. "지금 이 순간은 이게 최선이야. 최고가 아니어도 좋아."라고 생각해서 만족할 사람조차 "이왕 하는 거 최고의 선택을 해야지."라는 강박관념 때문에 불행해지는 거지. 최선이 아니라 최고를 꿈꾸면 이 책보다 백배는 더 좋은 책을 읽어도 여러분은 결국 만족하지 못할 거야.

뭔가를 선택한다는 건 다른 것을 포기한다는 뜻을 포함해. 동시에 여러 가지를 함께 선택하는 것은 힘드니까. 인간은 제한된 시간에 제한된 능력으로 살아 가. 그래서 여러 가지 중 하나를 선택하고 나머지를 포기하는 과정을 받아들여야만 하지. 이런 현실 때문에 선택의 고민이 시작되는 거야.

하지만 한 번의 선택으로 모든 것이 결정되지는 않아. 잘못된 선택을 했더라도 더 노력해서 다른 선택을 좋게 함으로써 보완할 수 있고. 생명을 가지고 극단적인 선택을 하지 않는 한, 사람들은 실패했다가도 성공하고, 잊혔다가 재기하기도 해.

물론 기회는 자주 오지도 않고, 똑같은 기회는 오지 않아. 하지만 내가 놓친 기회와 비슷한 기회를 잡으려면 더 노력하면 돼. 포기하지 않는 한 인간에게는 좋은 선택을 할 기회는 언제나 와. 이것이 바로 선택의 제1법칙이야.

선택은 성공을 보장하지는 않지만 성장을 보장해. 이게 바로 선택의 제2법칙이지.

내가 실패로 이어지는 선택을 했다면 다음에는 그 선택을 하지 않으면 되고, 내가 성공으로 이어지는 선택을 했다면 다음에는 그 선택을 더 발전시키면 돼. 그래서 일단 선택하면 성장하게 되어 있어. 그리고 성장한 힘으로 다음에 도전하니 성공 가능성도 커지지.

도전한 일에 실패하더라도 좀 더 성장해서 또 도전하면 돼. 이렇듯 계속되는 선택은 최고의 결과, 즉 성공을 약속하지 않아도 성장은 계속 할 수 있게 해 줘. 물론 이런 과정을 여러 번 거치면 성공과 성장이 하나가 되는 지점에 도달하게 돼.

이 밖에도 선택의 법칙은 많아. 이 책은 여러분이 그 법칙에 따라 최선의 선택을 할 수 있도록 안내하는 마음으로 썼어.

이 책을 선택한 여러분의 선택이 최선이기를 바라며…….

이남석

제1부 네 마음을 잘 들어 봐

제2부 꿈을 찾는 길에 시행착오를 겪는 건 당연해

제3부 관계는 마음의 대화로 만들어 가는 거야

16

그러지 말아야지
생각하면서도
부모님과 얼굴을
마주하면 화부터 나요.
집 나가면
개고생인 것도 알지만,
부모님이랑
매일 싸우다 보니
차라리 집을 나가는 게
속은 편할 것 같다는
생각도 들어요.
어떻게 해야 할까요?

17

부모님이 칭찬할 때도
꼭 문제점이나
개선 사항을 말해요.
잘한 건 잠깐이고
결국은 내가 못났다는
것처럼 느껴져서
기분도 나쁘고,
우울해져요.
잘한 게 없는데 억지로
칭찬하는 것 같아서
칭찬받아도 기분이
좋지 않고 오히려
스트레스만 쌓여요.

18

누구는
선생님이 좋아서
싫었던 과목도
좋아하게 되고,
덕분에 열심히 공부해서
성적도 올리는데,
전 선생님 때문에
학교 가는 게 싫어요.

제1부

네 마음을 잘 들어 봐

01.

주변 사람들을 봐도 그렇고,
텔레비전을 봐도 그렇고
사람들은 뭐가 좋다고 그렇게 웃을까요?
아니, 화 낼 일이라도 있으면 좋겠어요.
전 그냥 사는 게 재미없고 고민만 많아요.
저만 이상한 걸까요?

삶에 대한 생각엔 각자 차이가 있어

"사는 게 재미없지? 원래 삶은 재미없는 거야."라고 대답할 수도 있어. 제법 깊은 생각에 빠진 실존주의 철학자처럼.

혹은 "나도 사는 게 재미없어."라고 대답할 수도 있어. 적극적으로 공감을 표시하는 감성주의 상담가처럼.

그런데 나는 다르게 대답하고 싶어. 남다르게 삐딱한 심리학자이자 뛰어나게 잘생긴 작가인 나답게, 에헴.

잠깐! 혹시 이 대목에서 피식 웃었니? 사는 게 재미없다고 한 네가…… 정말 웃은 거야? 아니야, 내가 잘못 본 걸 거야.

흠. 그래 맞아. 나는 잘생기기는 했지만 삐딱하지는 않아. 사실 웃을 일은 아니지. 네가 나를 필요 이상 부정적으로 보는 것이니 말이야. 남몰래 눈물을 흘려도 이상하지 않을 만큼 심각한 일이야. 이런 부정적인 나에게 너는 어떤 말을 해 줄래?

① 잘생기지도 삐딱하지도 않다고?

② 삐딱하기는 하지만 절대! 잘생기지는 않았다고?

③ 애초에 그런 생각 자체를 하지 말고 다른 더 가치 있는 것을 생각해 보라고?

④ 됐어, 당신이랑은 말 안 해.

삶을 들여다보기 전에
너 자신을 들여다봐

눈치챘어? 네가 나에게 해 줄 말이 곧 내가 너에게 해 줄 말이 야.

세상 사람 중에는 "사는 게 재미있어요."라고 하는 이도 있어. 그러니 삶 자체가 원래 재미없을 수밖에 없다고 말할 수는 없는 거야. 무슨 말인지 알 것도 같지만 모르겠다고? 잘 들어 봐.

삶에 대한 생각에 차이가 있는 거야. 너도 원래 인간의 삶이 재미있느냐, 없느냐는 철학적 논쟁을 하고 싶은 게 아니잖아? 너 자신의 삶이 재미없어서 어떻게 해야 할지 모르겠다고 질문한 거 아니었어? 너는 엄청 재미난 삶을 사는데, 다른 사람은 사는 게 재미없어 보여서 걱정이 되어 질문한 것은 아니잖아. 그래서 나는 철학적 논쟁보다는 네가 왜 그렇게 생각하는지를 더 들여다보는 이야기를 할까 해.

객관적인 자신을 알아야
삶에 대한 자기 생각을 정리할 수 있단다

놀라지 마. 어쩌면 너는 사는 게 재미없는 것이 아니라, 그냥 그렇게 생각하는 것일 수도 있어. 예쁘게 생긴 연예인이 스스로 못생겼다고 생각해서 더 우울해지고 결국 예전보다 얼굴이 상하고, 그것 때문에 거울 보기를 무서워해서 관리를 제대로 못 해 몸과 마음의 상태가 더 나빠지는 것처럼.

이런 경우에는 실제 자기 모습이 어떤지 확인하는 것이 중요하겠지? 다른 사람보다 정말 얼마나 더 못생겼는지 말이야. 단, 자기보다 더 예쁜 사람들만 모아 놓고 비교하는 것은 도움이 안 되겠지?

마찬가지로 자기보다 더 재미있게 사는 것처럼 보이는 SNS 스타들이나 주변 사람들을 모아 놓고 비교하면 안 될 거야. 사실을 확인해야지 왜곡하면 안 되는 거잖아? 세상 사람 중에 너보다 더 재미없게 사는 사람은 없는지 떠올려 봐. 머릿속에 떠오르는 사람이 있어? 그럼 넌 적어도 최악으로 재미없게 사는 사람은 아닌 거야.

그래도 위로가 안 된다고? 맞아. 어떤 연예인이 악어와 외모를 비교해서 그 녀석보다는 자신의 피부가 매끈하고 더 잘생겼다고 생각한다고 해서 마음이 확 편안해지지 않는 것처럼 말이야. 자신과 비슷한 수준의 사람들을 뽑아야 해. 알겠지? 그냥 '사람'이 아니라 '자신과 비슷한 수준의 사람'이야. 그러자면 '자신'이 누군지 알아야 하지 않겠어?

결국 내가 정말 재미없게 사는 사람이 맞는지 확인하려면 '자기'를 알아야 하는 거네. 너는 자신이 어떤 사람이라고 생각하니? 삐딱하고 잘생긴 사람? 아니면 그렇다고 주장하는 작가의 말을 잘 들어 주는 사람? 책을 이쯤에서 바로 덮을 정도로 인내심이 없는 사람?

네가 어떤 사람인지는 네가 하는 행동을 보면 알 수 있어. 예를 들어 어떤 사람이 착한 사람인지 아닌지는 추상적으로 생각하는 게 아니라, 남을 도와야 하는 상황에서 무시했는지, 아무도 보지 않을 때 양심을 지켰는지, 공중도덕을 지켰는지 등등을 확인하고 나서 결론을 내리잖아? 너 자신에 대해서도 네가 한 행동을 보고 결론을 내리면 돼.

실제로 네가 일상적으로 하는 행동이 다 재미없는 것이라면? 너는 삶이 재미없다고 생각하는 정도가 아니라, 실제로 재미없는 삶을 사는 사람이야. 맞혔다고? 그래도 기쁘지 않지? 나도 그래.

결과를 바꾸고 싶으면 출발점을 바꿔 보자

거꾸로 생각해 보자. 재미없는 삶을 살도록 움직이는 사람이 누구지? 그래, 바로 너야. 만약 네가 하는 행동을 재미있는 쪽으로 변화시킨다면 어떻게 될까? 당연히 너는 삶이 재미있다고 생각하는 정도가 아니라, 실제로 재미있는 삶을 사는 사람이 되겠지.

결과를 바꾸고 싶으면 출발점을 바꿔야만 해. 썩은 밀가루를 오븐에 넣고 왜 맛 좋은 쿠키가 만들어지지 않느냐고 하거나 언제 스테이크가 만들어지냐고 화내면 말이 안 되겠지. 한꺼번에 싹 바꾸는 것은 힘들 거야. 그러니 재미있다 싶은 것을 조금이라도 해 보려고 노력해야 해.

02.

심심하고 지루하고 재미없는 상태를
변화시켜야 한다지만
앞으로 재미있어질지 말지도 모르는 상태에서
지지고 볶고 하면서 노력하고 싶지는 않아요.
그냥 귀찮으니까 이대로 있고 싶어요.

다행히도, 고민한다는 건 최악은 아니란 뜻이야

그래, 귀찮구나. 그러면 변하기 힘들겠네. 어쩔 수 없지. 그럼, 변하지 마. 지금 그대로 살아.

어떻게 그렇게 심한 말을 하느냐고? 나는 네가 질문으로 한 말을 그냥 받아서 좀 더 풀어 이야기한 것뿐인 걸?

너도 재미없는 생활을 재미있게 만들려면 변해야 한다는 것을 알잖아. 그런데 귀찮다고 했잖아. 그래서 내가 이렇게 말한 거야. 변해서 더 행복한 삶을 살고 싶은 마음보다 귀찮다는 것이 네게는 더 중요할 테니.

뭐, 그건 아니라고?

앞에서 자신을 알려면 자기 행동을 보라고 했지? 넌 귀찮다고 하면서 이렇게 계속 책을 읽고 있잖아. 열심히. 게다가 내가 하는 뾰족뾰족한 말도 참아 가면서 절실하게 듣고 있고.

그러고 보면 넌 귀찮다고 가만 앉아서 나 몰라라 하는 사람이 아니야. 힘이 들 것 같아서 엄두를 못 내는 것뿐이지. 힘이 장사인 사람도 자기 몸무게보다 다섯 배나 무거운 짐 앞에서는 힘이 든다고 말할 거야. 그건 괜찮아. 하지만 짐이 무거우니 귀찮다고 말하는 것은 문제겠지.

넌 귀찮은 게 아니라, 힘들 것 같아서 지레 기가 죽은 거야. 짐이 너무 무거우면 어떻게 해야 할까? 나눠서 들고 가면 돼. 한 번에 가지 못하고 시간이야 좀 걸리겠지. 하지만 '남보다 빨리 재미있어지고 싶은' 게 아니라, '재미있게 살고 싶은' 게 목적이라면 속도보다 일단 재미없는 쪽에 있는 삶의 짐들을 재미있는 쪽으로 어떻게든 옮기는 일이 중요하지 않을까?

왜 너만 그 짐을 옮겨야 하느냐고? 네 짐을 무겁게 만든 사람들이 있다고? 맞아. 가끔은 부모님이나 선생님, 친구가 너에게 재미없는 삶을 강요하기도 해. 그렇다고 해도 결국 그런 삶을 사는 당사자는 바로 너 자신이야. 이렇게 불편한 이야기를 너에게 하나하나 할 만큼 나는 삐딱한 사람이지? 적어도 나는 그런 나를 인정하고 있어. 솔직히 잘생겼다는 말은 나도 믿지 않으니까 취소할게. 그런데 너는 너 자신을 얼마나 사실대로 인정하고 있니? 네가 만드는 영화와 같은 삶의 주인공으로서의 너 자신을 말이야.

네 인생을 열심히 사는 게 손해 보는 것 같니?

일이 이 지경이 된 것에 대해서 다른 사람들의 책임이 클 수 있어. 하지만 주인공인 네 책임이 가장 큰 것 알지? 영화를 조연들이 망쳐도 주연으로서 할 몫을 해야 하는 거잖아? 그러면 왠지 네가 손해 보는 것 같다고?

잠깐만, 네 인생 아니었어? 남이 망쳤다고 네가 더 열심히 망치

26

즐겁게 살고 싶어?
한걸음 힘차게 내딛는 거부터
시작해 봐

면 속 시원해지는 상황은 아니잖아? 게임할 때 공격받았다고 포기하는 것과 네 인생은 달라. 왜냐하면 아이템이 다 없어져 더 나빠졌다고 해도 치트 키나 초기화로 빠져나갈 수 없으니까.

결국 열심히 살아야만 삶이 재미있어지니까, 싫고 힘들다고?

그런데 사람들이 산에 오르는 이유를 생각해 보자. 정상까지 열심히 올라가지 않고 어영부영하다가 산속에서 밤을 맞게 되면 더 무서워. 그래도 정상에 올랐을 때의 성취감에 취해서 계속 산에 오르는 거잖아? 쉬워서가 아니라 그만한 가치가 있어서 말이야.

귀찮다고 가만히 있어도 더 편한 것은 아니잖아? 열심히 노력하느라 흘리는 땀만 고통스러운 것이 아니라, 걱정 때문에 잠을 자다가 식은땀이 나서 깨거나 사는 게 힘들어 눈물이 흘러내릴 때도 고통스럽잖아.

너는 '변화'라는 말 앞에서 너무 커다란 짐을 떠올리는 것 같아. 그냥 예전과 조금만 달라도 충분해. 포기하지 않는 한 조금씩 계속 행복해질 테니까. 그러다 보면 '사는 슬픔'이나 '사는 귀찮음'이 아니라, '사는 기쁨'을 이야기할 날도 오게 되어 있어.

황동규 시인은 〈사는 기쁨〉이라는 시에서 이렇게 말해.

예찬이여, 아픔과 그리움을 부려놓는 게 신선의 길이라면
그 길에 한참 못 미치는
아이들의 웃음소리 간간이 들리는 곳에서 말을 더듬는다.

벗어나려다 벗어나려다 못 벗어난
벌레 문 자국같이 조그맣고 가려운 이 사는 기쁨
용서하시게.

신선의 머릿속에 있을 거대한 것만 생각하고 살면 인간은 신선
이 아니니 그 경지에 다다르지 못하면 힘들기만 해.

하지만 아이들 웃음소리와 같이 조그만 것에 집중하면 더 행복
하게 되어 있어. 고작 벌레 문 자국같이 조금 행복해져서 뭐하느냐
고? 그러느니 차라리 그냥 가만히 있겠다고?

행복은 조금씩 적립하는 거야

어떤 사람이 전체 일상 중 5퍼센트만큼만 행복하다면 정말 행
복하다고 할 수 있을까? 아니겠지? 그런 사람에게 "삶이 재미있나
요?"라고 물으면 화를 낼지도 몰라. 혹은 "정말 더럽게 재미없게
살고 있어요."라고 말하거나 "삶은 재미가 없는 건가요?"라고 힘없
이 되물을 수도 있겠지. 당연해.

그런데 5퍼센트만 행복한 사람이 자기가 먹고 싶은 간식 하나
사 먹었다고 해 보자. 솔직히 5퍼센트에서 0.1퍼센트라도 나아졌다
고 할 수 있지 않을까? 공부하기 싫어서 넘긴 부분이 시험에 나왔

는데 찍어서 맞히는 행운이 생기면 0.01퍼센트라도 좋아졌다고 할 수 있겠지? 수업 중에 속이 안 좋아서 방귀를 뀌었는데, 남들이 눈치를 다 채 창피를 당할 수도 있었지만 그냥 넘어갔다면 0.001퍼센트라도 나아졌다고 할 수 있지 않을까? 냄새가 심하게 나서 그 누명을 자신이 싫어하는 녀석이 뒤집어썼다면 0.5퍼센트로 급상승할 것이고 말이야. 이런 식으로 사소한 것들을 모아서 한 달 동안 행복 점수를 매기면 5퍼센트에서 6퍼센트로 높아질 수 있을 거야. 그래도 이 사람에게 행복하냐고 물으면 행복하다고 그럴까? 아니지. 어차피 불행이 훨씬 많아서 눈에 띄지도 않아. 모기 문 것만큼 아주 조금 나아진 것이지. 영화 속 주인공이 결심하면 순식간에 달라지는 것과 같이 화끈한 변화를 바라는 사람의 눈에 차기나 하겠어?

그런데 그렇게 1퍼센트씩 열두 달을 보내면 12퍼센트. 그렇게 팔 년을 보내면 96퍼센트. 원래 있던 5퍼센트를 합치면 이미 100퍼센트가 넘어. 수능 시험을 치는 데만도 십몇 년을 참고 공부하는 사람이 많은데, 팔 년만 노력하면 100퍼센트 행복할 수 있는 길을 왜 포기해야 하지?

대단하게 노력하라는 것도 아니야. 그냥 사소하지만 가능한 것부터 해도 돼. 굳이 지금 할 수 없는 커다란 것만 떠올리지 말고.

선택해 봐. 슈퍼 히어로 수준의 멋진 변화를 생각하곤 부담되어 아무것도 하지 않는 것과 조그만 변화라도 그 힘을 믿으며 실천하는 것 중에서의 선택. 그래도 힘들다고?

지금 선택하기가 너무 힘들면 이 책의 다른 부분을 보고 결론을 내리기 바라. 하지만 그때도 잊지 마. 너는 삶이 재미없다고 투덜대기만 하는 사람이나 모든 걸 귀찮아하는 사람이 아니야. 이 책을 읽을 정도로 삶을 변화시키고 싶고 또 실제로 노력하는 사람이라는 것을 잊지 마. 네 진짜 모습을 인정하기 바라.

너 자신을 부정적으로 보고 미리 포기하지 마. 생각해 보니 나도 잘생겼다는 것을 너무 쉽게 포기한 것 같아. 판단은 나중으로 미룰게. 내가 0.1퍼센트씩이라도 나아져서 정말 더 잘생겨질 때까지.

03.

무슨 얘기를 듣든,
아무 얘기도 듣지 않든 간에
그냥 막 짜증이 나요.
왜 그런지 이유도 모르겠어요.

짜증은 어디에서 오는 걸까?

너 정말 짜증 나는 거 맞니?

이 말을 듣기만 해도 짜증이 난다고? 사실 내가 질문부터 한 이유가 있어.

뭔가 시간을 들여서 살펴보기도 전에 짜증이 난다면, 그것이 짜증 나게 하는 네 마음 밖에 있는 것의 문제일까, 애초에 짜증을 내기 쉬운 상태에 있는 너의 문제일까?

보통은 네 안의 문제야. 외부에 너를 짜증 나게 하는 요소가 전혀 없다는 뜻이 아니라, 짜증이 날 만한 요소가 들어왔을 때 네 마음이 버텨낼 힘이 약해져서 쉽게 짜증이 난다는 거지.

예를 들어 볼게. 다리를 잘 관리해서 튼튼하게 유지해 줬다면 무거운 짐을 실은 차가 지나가도 버텨낼 수 있잖아? 하지만 다리에 금이 갔는데도 제대로 보수 공사를 하지 않는다면? 혹은 무거운 짐을 싣고 다니는 차를 한번에 몰리게 해서 다리 위에 빽빽하게 서 있게 한다면? 아무리 설계가 잘 된 다리라고 해도 휘청거리는 것은 당연하겠지. 그렇다고 다리를 지어 놨는데 무거운 짐을 실은 차는 절대 오지 말라고 하는 것은 이치에 맞는 일일까?

아니잖아. 차라리 다리를 더 잘 짓고 더 잘 관리하는 게 현명한 일이겠지?

인간의 마음도 마찬가지야. 살다 보면 예상하시도 못한 일이 낳

이 생겨. 무거운 짐을 싣고 건너려는 차처럼 갑자기 스트레스를 주는 일이 네 눈앞에 딱 나타나지. 그때 다리가 나서서 "야, 건너지 마."라고 하는 게 바로 짜증이야. 그래도 차가 건너려고 하면 다리를 마구 흔들어 불편하게 만드는 것으로 복수하기도 하지. 그런다고 다음에 차가 오지 않을까? 세상의 모든 차를 없애거나 다리로 들어오는 도로를 막아 버리지 않는 이상 계속 차는 올 거야. 그러면 또 짜증 내고, 불편하게 할 거야? 이런 과정을 계속 반복하면서 왜 세상에는 이렇게 차(무거운 스트레스 덩어리)가 많으냐고 욕하면서.

만약에 그 다리, 즉 네가 짜증 나는 일을 다르게 대비하면 어떨까? 버터낼 힘을 기르는 거지. 짜증날 일도 원만하게 넘길 힘을 계속 남겨두려면 평소에도 유지 관리를 잘해야 해. 너는 몸이 피곤할 때와 힘이 넘칠 때 중, 언제 짜증이 더 나는 거 같아? 배고플 때와 밥을 제대로 먹었을 때를 비교하면? 잠을 자지 못했을 때와 잠을 잘 잤을 때를 비교하면?

짜증을 잘 이겨내는 마음을 만들자

왜 마음을 단련하는 방법이 아니라 몸 건강을 관리하는 질문을 하느냐고? 맞아, 바로 이거야. 네 마음은 어디에 있니? 안드로메다에 있다는 둥 장난스럽게 말하지 말고, 진지하게 말해 봐. 공중에 둥둥 떠다닐까? 아니면 네 뇌를 통해서 만들어지고 있을까?

더 쉽게 질문할게. 네 뇌가 없어도 너는 정상적인 마음을 갖고 있을 수 있을까? 잠깐! 내가 마음이라고 한 거 잊지 마. 영혼이 아니야.

사람들이 교통사고로 뇌를 다치거나, 뇌에 이상이 생기는 치매 등의 병에 걸리면 행동이 달라지는 거 알지?

왜냐고? 마음이 뇌에 있으니까 그렇지.

그럼 뇌는 어디에서 영양 공급을 받을까? 네가 먹는 음식에서 받아. 그리고 뇌도 쉬어야 힘을 내. 잠을 못 자거나 몸이 피곤하면 제대로 움직이지 못해. 그래서 스트레스를 버티려면 일단 몸 상태가 좋아야 해.

몸 상태가 좋으면? 힘이 펄펄 나서 신이 나잖아. 신나게 운동하고 나면 짜증이 날까? 힘들게 경기를 했는데 승부에서 지면 잠깐 짜증이 날 수는 있지만, 운동할 때 자체는 아드레날린이 분비되면서 기분 좋게 흥분이 된단다. 그래서 때로는 승부에서 져도 우리가 운동 경기를 하거나 보는 거잖아. 꼭 경쟁하는 경기가 아니어도 돼. 피트니스 센터에서 하는 것처럼 유산소 운동이나 근육 운동을 해도 평소와 얼굴빛이 달라지고 마음이 더 긍정적으로 변하는 경우를 너도 보잖니?

실은 엄청 객관적이고 정확할 것 같은 판사들도 몸 상태에 굉장

내 속에 있는 짜증 따위
멋지게 날려 버리겠어!

히 민감해. 오전 11시 공복 상태에서 판결을 내릴 때는 가석방도 잘 시키지 않지만, 점심을 먹은 오후 2시 이후에는 가석방도 잘 시키는 등 호의적인 판결을 한다는 연구 결과가 있단다. 벤 구리온 Ben Gurion 대학 연구팀이 이스라엘 법원의 가석방 심사 1112건을 분석한 결과는 놀라워. 처음 업무 개시 때는 65퍼센트 정도 가석방을 허가해 줬다가, 한 시간 뒤에는 70퍼센트로 올라가. 그러다가 10시를 넘기면서 급격하게 비율이 떨어져. 점심 먹기 직전 공복 상태에서는 허가 비율이 0퍼센트야. 0. 점심을 먹고 난 다음에는 가석방 허가율이 65퍼센트에서 시작하고, 계속 하향 곡선을 그리다가 저녁 먹기 전에는 10퍼센트대에 머물러.

이 이야기의 교훈은 사고를 치면 꼭 오후에 재판을 받으라는 게 아니야. 네가 짜증이 난다면 우선 몸 상태를 먼저 확인하고, 더 건강할 수 있게 노력해야 한다는 거지.

짜증과의 정면 대결은 어때?

마음의 문제를 몸으로 해결하는 게 영 찝찝한 친구가 있을 거야. 아무리 힘들어도 정면 돌파를 좋아하는 친구, 전사의 후예. 우리 전사들을 위해서 '눈에는 눈으로'의 전략도 알려 줄게. 부디 살아 돌아오기를 바라.

영화에서 학생들을 짜증 나게 하는 선생님에게 욕하고 도망가는 것으로 반항하는 주인공 한 번쯤 본 적 있지? 그런 선생님을 보고는 '좋아, 누가 이기나 한번 해 보자.' 결심해서, 그 선생님의 코를 납작하게 해 주려고 피눈물 흘리면서 힘든 일을 다 버텨내고 멋지게 복수하잖아. 마지막에 완전 기뻐서 웃음 짓는 주인공의 모습! 생각만 해도 너무 좋다.

그런데 실제로 하려니 너무 힘들다. 하기 전부터 스트레스를 받네. 하지만 전사의 후예인 우리는 그러면 안 되지. 짜증 나더라도 그 일을 해야 해. 그래서 그 짜증을 이겨내는 거야. 스트레스를 주는 주먹이 계속 얼굴에 쏟아져도 상대 앞으로 파고드는 격투기 선수처럼. 잠깐, 그렇게 많이 맞으면 이겼다고 기뻐서 웃어도, 보는 사람은 짠할 거라고?

전사의 후예의 길은 그런 거야. 편하게 건강 상태부터 돌볼 걸 그랬다는 후회 따위는 코웃음으로 날려 버리는 거지.

중요한 건 짜증 나는 일을 버텨야 하는
진짜 이유를 찾는 거야

그런데 누가 이렇게 물어보면 대답할 것도 준비해야 해.
"이상하네. 이렇게 힘든 일을 왜 견디려 하는 거죠?"

이때 "짜증 나서요."라고 대답하면 이상하잖아.

좀 장난을 쳤지만 내가 진짜 하고 싶었던 말은 이거야. 짜증 나고 힘든 일을 견뎌낼 때는 그 이유를 자신이 알고 있어야 한다는 것. 만약 그 답을 알지 못하면 그냥 짜증 나고 힘들 뿐인 거야. 하지만 답을 알고 있으면 그 일을 '해야만 하는 과정'이라고 생각하고 감내하지.

진짜 하지 않아도 되는 일이라서 짜증 날 수도 있어. 하지만 어떤 것은 짜증이 좀 나도 해야만 하는 일도 있을 거야. 그것을 구별해 봐. 그러면 적어도 예전만큼 자주 짜증이 나지는 않을 거야.

달걀 프라이를 반숙해서 먹으려고 프라이팬에 달걀을 깨서 딱 떨어뜨렸는데 노른자가 확 퍼지거나, 아이스크림을 떠먹으려고 하는데 나무 숟가락이 뚝 부러지는 일에는 짜증을 낼 수도 있어. 이미 배불리 먹었거나, 친구들과 재미있게 이야기를 나누다가 그런 일이 벌어지면 짜증보다는 오히려 그냥 한 번 더 웃으면서 넘어갈 수도 있을 테고. 그래, 짜증 낼 만해. 아무렴 그렇지 그렇고말고.

하지만 네가 만약 '의사'가 되고 싶어서 공부하는데 짜증이 난다면? '가수'가 되고 싶어서 노래를 부르는데 짜증이 난다면? '친구'를 위해 이벤트를 하는데 짜증이 난다면? 그건 그만큼 네가 의사나 가수가 되고 싶지 않거나, 친구와 잘 지내고 싶지 않다는 뜻이야. 그건 너를 짜증 나게 하는 '공부'와 '노래'와 '이벤트'의 문제가 아니야.

부디 짜증 내는 문제 자체보다는 너 자신의 마음을 잘 들여다보기 바라. 네가 가수가 되고 싶은데 공부만 하는 것은 아닌지, 의사가 되고 싶은데 이벤트만 하는 것은 아닌지 말이야.

잊지 마. 만약 뭔가를 새롭게 디자인하는 것을 좋아하는 사람이었다면 노른자가 퍼지거나, 나무 숟가락이 부러졌을 때 "후우" 하는 짜증의 한숨이 아니라 "아하"라는 흥분된 소리를 질렀을 거야.

얼굴을 찡그리며 짜증을 내는 것은 형체 없는 어떤 일이 아니야. 바로 네 마음이 깃든 몸이, 살아 있는 너 자신이 구체적으로 짜증을 내고 있다는 것을 잊지 마. 분석하려면 바로 그런 너의 몸과 마음부터 해야 하지 않을까? 실체도 확실하지 않은 것부터가 아니라.

자, 그렇다면 가능한 선택지는 세 개네. 설렁설렁 몸부터 살펴볼래, 아니면 전사의 후예처럼 그냥 이겨낼래, 아니면 네가 어떤 것을 원하는지부터 살펴볼래?

넌 뭘 선택했니? 사실 어느 하나만 할 필요는 없어. 세 가지를 네가 생각하기에 맞는 순서로 다 선택해 보는 것도 인생의 성장을 위해서는 중요하다고 생각해. 참고로 내가 추천하는 것은 ① 몸부터 추스르고, ② 맑은 정신으로 내가 원하는 것을 찾아 ③ 목표로 정해서 한번 멋지게 싸워 보는 거야.

젊은 친구, 우리 멋진 성장 영화 한번 찍어 보지 않겠나?

04.

성인이 되어서 사회생활을 잘하려면
자존감이 중요하다고 하는데,
전 외모 때문에 자존감이 낮습니다.
성형수술을 받으면
자존감을 높일 수 있을까요?

하나 부탁할 게 있어. 내 얼굴을 인터넷에서 찾지 말고 이 답을 봐 줘야 해.

뭐? 이미 봤다고?

아냐, 안 돼. 나는 그 사진이나 동영상에 나온 것보다는 잘생겼어.

무슨 작가가 글보다 외모에 이렇게 신경을 쓰냐고?

아, 맞아. 그렇구나.

"고마워."라고 할 줄 알았지? 정의의 이름으로 너를 용서하지 않겠다, 내 반격을 받아라!

그러면 너는 연예인이 아닌데 왜 그렇게 외모에 신경을 써?

뭐? 연예인이 되고 싶어서 그런 거라고?

그렇구나.

"미안해."라고 할 줄 알았지? 그래도 너는 지금 연예인이 아니잖아. 그냥 연예인이 되고 싶은 일반 청소년인 거잖아. 그리고 연예인이라고 다 잘생긴 건 아니잖아. 유해진, 라미란…… 아니다, 더 이야기하면 외국까지 포함해서 수천 명이 넘고, 구체적으로 이름을 말하면 명예훼손으로 소송을 당할 수도 있으니 참을게.

예전에 무한도전에서 '못생긴 친구를 소개합니다' 특집을 할 때 선정된 사람들이 "왜, 나야?"라고 반응한 것을 보면 이 책에 이름이 등장하는 것만으로도 공격받을 확률이 높아.

그런데 눈치챘어? 이거 두 번 죽이는 것 같지만 '객관적으로 못생긴 사람들'도 당사자는 '주관적으로는 나름 괜찮게 생겼다'고 생각해. 상대방의 공격에 반격하며 자존감을 지키는 거지.

그런데 너는 '주관적으로 너무 안 괜찮다'라고 생각하는 거잖아?

외모가 중요한 변수가 되는 연예인도 주관적으로 스스로 용기를 북돋는 생각을 하는데, 너는 굳이 많이 신경 쓰지 않아도 되는 외모에 대해 스스로 용기를 빼앗는 생각을 해.

당연하다고? 사람들이 외모에 신경을 쓴다고?

모든 사람은 남의 외모보다
자신의 외모에 훨씬 신경을 쓰지

맞아, 외모에 신경을 쓰지. 그런데 일단 네 외모보다는 자기 외모에 훨씬 신경을 써.

"오늘 네가 더 잘생겨 보이니까, 나는 막 못생겨 보여도 돼."라고 생각하는 사람들이 아니라고.

너는 그 사람들이 자기 외모에 신경을 쓰니까 그만큼 네 외모에도 신경을 쓸 거로 생각하는 거잖아? 마치 무대 위에 올라온 배우를 뜯어보듯이.

걱정하지 않아도 돼.

내 사진과 동영상 봤다고 했지? 내가 입었던 옷 정확히 묘사할 수 있어? 내가 지었던 표정이나 얼굴 특징 같은 걸 모두 자세히 말할 수 있어?

네 친구가 지난주 입은 옷과 학교 선생님이 하신 화장 등을 정확히 기억할 수 있니? 혹은 너 자신이 옷을 바꿔 입거나 정성스럽게 하고 나간 머리 모양을 다른 사람들이 곧바로 눈치챘니? 열 번이면 열 번 다? 아닐걸? 왜냐하면 너는 무대 위에 올라온 배우가 아니니까. 무대 위에 올라온 배우의 세부 모습도 우리가 다 기억하지 않잖아. 전체적인 특징을 더 많이 기억하는 것뿐이지.

심리학자들은 사람들이 마치 자신이 무대 위에 올라온 배우처럼 관심의 대상이 되고 있다고 착각하는 것을 '조명 효과'라고 불러.

마음 아프겠지만, 아니, 다행스럽게도 우리는 다른 사람에게 그렇게 관심의 대상이 되지 않아. 그리고 그나마 그들이 조금 관심 있어 하는 대상도 외모가 다는 아니고. 외모가 다였으면 멋지게 생긴 배우의 외모만 감상하고 좋아하지 왜 연기력 논란을 벌이겠어? 상대적으로 외모가 좀 못한 배우를 왜 더 좋아하는 사람이 생기겠어? 그리고 그 배우는 어떻게 자신감 있게 팬들 앞에 설 수 있겠어? 그냥 "피부과와 성형외과를 열심히 다녔는데도 얼굴이 이 모양이어서 죄송합니다."라고 팬들에게 사과를 해야겠지.

외모 때문에 뭘 못 한다고 핑계 대는 건 아니니?

네 자신감이 오로지 외모 때문이라면 외모만 좀 바꾸면 돼. 그런데 그렇게 바꿔도 다른 사람은 너를 외모로만 판단하지 않는다는 게 진짜 문제야.

반대로 네가 내면에 자신감이 없다면 마음을 바꾸면 되겠지. 그렇게 하면 다른 사람은 너를 마음으로만 판단하지는 않을 거야. 너는 그게 문제라고 생각하겠지. 마음 착한 사람이 외모가 좀 떨어지면 정이 간다고 하지만, 마음이 악한 사람이 외모가 좋으면 사기꾼 같다고 하는 것을 잊지 마.

외모가 좌우하는 것은 별로 없어. 마음이 악하니까 얼굴이 잘생겼어도 사기꾼이라고 하는 거고, 마음이 착하니까 못생겼어도 정이 간다고 하는 거야.

솔직히 말하면 나는 외모가 문제라고 생각하지 않아.

원빈과 강동원, 전지현 등등의 외모라면 외모가 문제가 될 수도 있을 거야. 사람들이 일단 외모부터 보니까. 나는 그들과 비교하는 것 자체가 불가능할 정도로 외모는 확 떨어지는 수준이니까, 확실히 말할 수 있어.

"너의 자존감은 외모에서 오는 것이 아니야."

내면의 아름다움을 발견하라는 뻔한 이야기를 하려는 게 아니야. 내가 하고 싶은 말을 더 풀어서 할게.

"네 자존감이 떨어진 원인은 외모가 아니야. 외모는 핑계일 뿐이지. 못난 외모를 가졌어도 자존감을 지킨 사람이 많은 것만 봐도 알 수 있어. 너는 자신이 존중받아야 할 가치를 찾지 못해서 외모 탓을 하는 거야."

아프지? 실은 나도 그랬어.

시골에서는 내 외모면 나름 봐 줄 만하다고 생각했는데, 서울로 왔더니 아무것도 아닌 하찮은 존재라는 생각이 들었을 때의 비참함을 느껴 봤거든.

그때 내가 내세울 수 있는 것을 찾았다면 어땠을까를 생각하니 이런 답을 하게 된 거야.

서울 애들은 내 시골 생활을 부러워했어. 하지만 난 서울 아이들의 생각을 존중하지 않아서 스스로 움츠러들었지. 너는 외모 때문에 자존감이 없는 게 아니라, 자존감이 없어 움츠러들면서 외모 핑계를 대는 거야.

자존감.

自尊感.

자기를 존중하는 마음.

스스로 자기가 가진 것을 존중하지 않는데, 남들이 존중하면 뭐 하니? 어떤 연예인이 외모가 특출 나서 남들이 존중하지만 정작

나를 사랑하는 마음이

제일 먼저야

자신은 존중하지 않아 못생겼다고 생각한다면, 너도 그게 안타까운 일이라고 생각하겠지?

하지만 그것보다 안타까운 일은 사람을 판단하는 기준이 딱 하나, 외모밖에 없는 경우지. 다른 사람들이 너를 볼 때 여러 가지를 보고 존중할지 말지를 판단할 거야. 그리고 너 자신은 여러 가지 면을 가진 복잡한 사람이기도 하고 말이야.

그런데 어느 하나만 본다? 글 쓰는 작가를 얼굴로만 본다?

네가 존중받아야 할 이유가 정말 외모 하나뿐일까?

그가 쓴 글을 보고, 그가 사는 모습을 보고, 그가 가끔 하는 강연에서 하는 말을 듣고, 그가 가고자 하는 길을 보고, 그가 살아온 길을 보고, 그가 만나는 사람을 보고, 그가 만나고 싶어 하는 사람을 보고 결정하는 것이 아니라, 딱 외모만 본다? 한 번은 속아서 샀지만, 글이 좋지 않은데도 외모가 훌륭하니 계속 그 작가의 책을 살까?

너는 그런 세상에서, 그런 사람들과, 그런 사람이 되어 살고 싶은 거니? 네가 환상 속에서 그리던 세상과, 사람들이 없는 현실인데도?

자신을 존중하는 마음인 자존감은 저절로 주어지지 않아. 너 자신이 존중받을 가치를 발견하거나 만들 때만 그런 마음이 생기지.

외모를 관리하고 성형 수술 같은 변형을 자주 하는 사람도 있지만 일단 태어날 때 주어진 것에 더 가깝단다.

너는 지금 다른 것을 발견하거나 만드는 노력을 하지 않고 그냥 주어진 외모로 경쟁하려고 해. 그래서 좀 정신 차리라고 말한다.

"너는 지금 이런 생각을 하는 사람보다는 더 나은 사람이야. 그리고 그것을 충분히 증명할 수 있어."

무조건 자신을 존중하지 마. 네가 나쁜 일을 하는데도 "난 존중받아야 해."라고 하면 네가 있을 곳은 이 사회가 아니라 감옥이 될 테니까.

존중받을 일을 찾고, 그것을 해. 그리고 그런 일을 생각하고 실행한 너 자신을 존중해. 이게 자존감을 키우는 원리야. 그러면 누군가 너를 "존중받을 가치가 없는 사람"이라고 욕할 때도 당당하게 말할 수 있어.

"나는 존중받을 가치가 있어요."

누군가 못생겼다고 해도 무한도전의 '못생긴 친구를 소개합니다' 특집에 나온 사람들처럼 매력을 발산하며 말할 수도 있어.

"그렇게 보셔도 저는 상관없어요. 나는 행복하니까요."

그냥 네 외모를 자랑하고 싶다고? 그럼 자존감이라는 말을 빼야겠지. 외모를 자랑하고 싶은 욕망이 크다고 말했어야 해.

그러면 "큰 소리로 외치고 싶어요."라고 말하는 친구에게 "외쳐도 되는 곳에 가서 맘껏 외쳐."라고 하는 식으로 대답해 줬을 거야.

그래도 자존감과 외모는 밀접한 관련이 있다고?

자존감이라는 말에 더 집중해서 생각해 봐. 너는 남을 깔아뭉개고 자기를 존중하고 싶은 것은 아니잖아. 아무렇게나 자존감을 자랑하려는 건 아니잖아. 결국 행복해지려고 하는 거잖아.

멋진 외모를 열망하는 것은 다른 사람의 콧대를 납작하게 깔아뭉개기 위해서가 아니라, 행복해지고 싶어서 자존감을 찾으려는 거야. 맞지?

그래도 외모가 중요하다고 한다면, 외모가 멋있어서 자존감이 높아지면 자신보다 못생긴 사람은 존중하지 않을 거라는 뜻이야?

그런 의도로 외모를 자랑하고 다닌다면 다른 사람들은 네 외모가 훌륭해도 오히려 널 존중하지 않을 거다. 외모를 포함해서 자신의 모든 것을 녹여 내서 다른 사람들과 잘 지내야 존중받을 수 있을 거야. 행복해지려고 최선을 다하는 것도 존중받을 행동이야.

그 길을 선택하기 바란다.

그 길에 외모를 바꾸는 일이 있다면 해도 돼.

하지만 그 하나만 하면 나쁜 선택이 될 거야.

외모로만 자존감 문제가 해결되는 세상 따위는 현실에는 없으니까.

05.

뭘 어떻게 해도 게임을 못 끊겠어요.
주변에 저하고 비슷한 친구가 많은 걸 보면,
이게 청소년기에 한번씩 겪는 일인 것 같다가도
게임 때문에 하루아침에 용돈을 날리거나
게임에 필요한 돈을 벌려고
잠도 못 자고 알바 뛰는 녀석들을 보면
심각한 문제인 것 같기도 해요.
어떻게 하면 게임을 끊을 수 있을까요?

주변에 흡연자인 어른이 어느 날 너한테 이렇게 말했다면 어떨까?

"아, 담배를 끊고 싶은데 어떻게 하지?"

처음 네 머리에 든 생각은 뭐야?

'실은 안 끊고 싶으면서 말로만 저러지.'

맞아. 근데 너도 똑같아. 안 끊고 싶은 거야. 게임을.

아니라고? 정말 게임을 끊고 싶다고?

그러면 아까 어른의 비유로 돌아갈게. 담배를 끊고 싶다는 사람이 담배를 사면 될까? 안 되겠지?

그러면 담배를 사지 않겠다고 결심만 하면 될까? 담배를 살만한 돈을 넣고 다니지 않으면 되겠지?

이런 것을 심리학에서는 '원천적 약속 이행commitment'이라고 해.

음주 운전으로 자주 뉴스에 등장하는 연예인이나 운동선수가 있지? 그 사람은 자기가 낸 사고 기사가 매스컴을 떠들썩하게 할 때마다 각오를 다졌을까, 안 다졌을까?

매번 "다시는 음주 운전을 하지 않겠습니다."라고 분명하게 말했어. 그 각오는 진심일 거야. 하지만 원천적 약속 이행까지 안 한 게 문제지. 음주 운전을 하지 않을 각오를 했다면 술 먹는 기회를 줄일 뿐만 아니라, 술 먹는 기회가 있다면 아예 차를 놓고 나갔어야 했겠지.

게임을 끊으려면 어떻게 해야 하는지 이제 보여?

게임을 하고 싶어도 할 수 없는 상태로 만들자

일단 문화상품권을 정리해야 해. 부모님께 책을 사는 데 필요하다면서 받았건, 학교에서 경품으로 받았건 간에 진짜 책을 사야 해. 그래서 게임에 쏟아붓고 싶어도 그럴 게 없는 상태로 만들어야 하지. 게임을 하던 시간에 네가 보고 싶어서 산 책을 읽는 것도 방법이야. 그런데 그 책이 게임과 관련된 거라면? 안 되겠지? 금연하려는 사람이 흡연 장면이 마구 나오는 영화를 보거나, 금주하는 사람이 술 먹고 기분 좋은 주인공의 술집 유람기를 보면 안 되는 것처럼 말이야.

컴퓨터는 다른 사람들이 관찰할 수 있는 거실로 옮겨야 해. 불편하다고? 맞아. 하지만 불편한 만큼 게임할 확률도 줄어들지.

스마트폰도 구형으로 바꿔야 해. PC 게임을 하지 않더라도 모바일 게임의 강자가 되면 게임을 끊은 것이 아니니까.

이렇게 게임을 끊는 것에 성공하면 게임만 정복하는 게 아니라, 부정적인 것에 빠졌다가도 나올 힘을 얻게 돼.

게임을 끊은 방법으로 야동을 끊으려는 친구를 도와주자

예를 들어 어떤 후배가 너를 찾아와 이렇게 물어본다고 치자.

"청소년에 금지된 사이트를 계속 들어가고 싶어 하는데 어떻게 하지요?"

설마 "내 비번 알려 줄 테니 함께 볼래?"라고 하거나 "그런 것도 봐 줘야 올바르게 성장하는 거야."라고 하지는 않겠지?

게임을 끊을 때 썼던 방법을 그대로 쓰면 돼.

일단 컴퓨터에 키즈락 기능이 있는 프로그램을 까는 거야. 스마트폰에도 깔고. 컴퓨터를 거실로 옮기는 거지. 원천 봉쇄!

청소년 금지 사이트에 대한 호기심 대신 더 집중할 수 있는 다른 취미를 갖는 거지. 네가 문화상품권으로 산 책을 빌려 주는 것도 방법이야. 그런데 웬만하면 활동적인 취미를 갖게 해 줘. 그래서 일단 그 취미활동을 하는 시간에 아예 다른 것을 하지 못할 뿐만 아니라, 약간 지쳐서 다른 것을 할 힘이 남아 있지 않도록, 또 한 번 원천 봉쇄!

부모님의 주민등록번호를 아이들이 쉽게 알 수 없게 주의하라고 경고해야 해. 하지만 함께 살다 보면 그러기는 쉽지 않아. 그러니 한국인터넷진흥원 e 프라이버시 클린서비스www.eprivacy.go.kr의 도움으로 정기적으로 자신이 가입한 사이트를 정확히 관리하도록 추천해야 해. 거기에서 자신이 가입하지 않은 성인 사이트가 나오면

내 마음을 다잡고
주위를 정리하는 거부터 하면 돼

탈퇴하고, 자녀들이 보는 앞에서 확인하는 모습을 보여야 하지. 가입이나 탈퇴를 몰래 할 수 있지만 그것은 끝까지 기록에 남으니 시도도 하지 말라고 말이야. 또 또 원천 봉쇄!!

부모가 아닌 다른 어른들의 정보를 도용하거나 다른 방법으로 성인 사이트에 가입하면 어떻게 하냐고? 하지만 계속할 수는 없을 거야. 컴퓨터와 스마트폰으로 부모가 관리할 테니까. 몇 개월 동안의 집중 관리 위기를 넘기면 욕망이란 것 자체가 그렇게 지속적이지 않아서 예전처럼 열심히 보고 싶지는 않게 되거든. 그래서 완벽하지는 않아도 원천적 봉쇄.

금지 사이트에 호기심으로 한 번 들어간 것을 문제 삼고 원천적 봉쇄를 하자는 것이 아니야. 너는 지금 다른 것에 집중하지 못하고, 결심해도 끊지 못할 정도의 상태에 있는 친구를 상담하고 있는 거야.

음주 운전해서 후회하는 사람에게 "괜찮아, 그렇게 좀 더 해도 괜찮아." 하면 안 되는 거잖아? 마찬가지로 후회를 더 하지 않도록 원천적으로 봉쇄해 주는 게 선배이자 친구가 해야 할 일이야.

자, 이제 그대의 후배와 친구들을 부탁해.

06.

게임에 중독된 것도 아니고
외모 때문에 고민이 있는 것도 아닌데,
이대로 어른이 되면 안 될 것 같은
느낌이 들어요.
저 자신을 변화시키고 싶은데 어떡하죠?

너는 과거—현재—미래의 네가 모여서 만들어진 거야

설마 "저는 게임을 끊고 싶은데 방법을 모르겠어요?"라고 했던 그 친구는 아니지? 왜냐하면, 게임을 끊고 싶지 않은데도 질문한 것처럼, 사실은 변하고 싶지 않은데 질문한 친구라면 또 앞에 했던 답을 반복해야 하니까.

정말 아니라고? 그럼 다른 이야기를 해 줄게.

사람에게는 여러 '자기'가 있어.

조현병이냐고? 아니야. 자기 소개서를 쓸 때 우리는 과거에 무엇을 했는지 현재에 무엇을 하는지 앞으로 무엇을 할지를 다 적잖아? 그렇게 과거적 자기, 현재적 자기, 미래적 자기가 모두 합쳐진 것이 우리 자신이야. 하지만 상황이 힘들어지면 현재와 과거적 자기의 상처에 휩쓸려 긍정적인 미래적 자기를 잊는 것이 문제지.

무슨 말인지 알겠어?

네 질문을 조금 바꿔 볼게.

"저 자신을 제가 되고 싶은 미래적 자기에 좀 더 가깝게 변화시키고 싶은데 현재적 자기의 처지에서 보면 방법을 모르겠어요."

설마 "저 자신을 그냥 과거적 자기로 돌아가게 변화시키고 싶은데 방법을 모르겠어요."라고 하는 건 아니지? 그럴 때도 너는 타임머신을 타고 가는 것이 아니니까, 그 과거적 자기의 모습이 사실은 미래에 네가 되고 싶은 모습일 뿐이야.

질문을 다시 살펴보자.

네 현재적 자기는 미래적 자기와 똑같은 사람이야? 아니지? 똑같다면 그냥 이대로 살고 싶다고 했겠지. 아무리 네 안에 있는 '자기'라고 해도 다른 사람이니까 이해하기 힘들 거야. 그러니까 현재적 자기에 중심을 두고 계속 생각해 봤자, 현재적 자기의 입맛에 맞는 것만 보일 뿐, 미래적 자기에 대한 것은 안 보이게 되어 있어. 반대로 미래적 자기의 측면에서 보면 보이게 되어 있고 말이야.

네가 지금 깊은 골목 안에 서 있는데 거기에서 골목 밖의 광장을 봐 봤자 그냥 제한된 시야에서 획획 지나가는 사람과 물건밖에 안 보일 거야. 그곳으로 나가면 이것저것에 부딪힐 것 같아서 걱정도 되고 말이지. 그런데 만약 광장에서 네가 지금 있는 골목 안까지 이어진 길을 보면 어떨까?

걱정할 것도 줄어들고, 어떻게 움직이면 되는지가 확실하게 보일 거야. 단, 이것은 상상만 하는 것으로는 바뀌지 않아. 직접 그 길을 가야겠지?

처음 하는 도전인데, 어렵고 힘든 건 당연해

어떤 사람이 "어떤 어려움이 있을지 먼저 생각해야 제대로 도전할 수 있는 것 아닌가요?"라고 묻는다면 너는 어떻게 대답해야 할까? 그 어려움을 다 생각해 보고 움직이는 게 효과적일까, 아니면 그 어려움보다는 일단 도전해 보라고 해야 할까?

힘든 과거나 현재를 생각하면 밝은 미래보다는 일단 부정적인 과거적 자기와 현재적 자기가 얼씨구나 내 세상이구나 하면서 힘을 쓰게 되어 있어. 그러면 미래적 자기가 설 땅이 부족해지지. 그래서 변화가 더 어려워지는 거야.

도전하다 보면 힘든 일이 있을 거야. 그럴 때는 그때 방법을 찾으면 돼. 네가 생각을 미리 했어도 그때 다시 생각해서 일을 처리하게 되어 있으니까. 무엇보다도 네가 예상한 대로 일이 다 일어나는 것은 아니잖아. 중학교 입학할 때 네가 예상한 대로 실제 학교생활이 소름 끼치도록 정확하게 들어맞았니? 언제 어디서 친구가 말을 걸거나, 누가 싸우거나 등등 다 맞혔다고?

네가 국보급 무당이라서 그랬다고 쳐. 그래서 예상해서 더 결과가 나아졌니? 일이 일어나기 전에 예방하고, 사후 처리를 말끔하게 했다고? 정말? 그런데 뭘 걱정해. 문제가 생기더라도 예상한 대로만 일어나니까 어차피 잘 처리할 텐데. 아니면 일이 생기기 직전에 고민해서 후다닥 처리해도 되는 거잖아? 능력 없는 사람들은 일이 벌어진 다음에 대처하지만, 능력자인 너는 걱정할 필요가 없지.

그러고 보니 국보급 능력이 있건 없건 결론은 똑같네? 결국 미래적 자기의 관점에서 자기의 길을 정하고 일단 도전해야 한다는 거 말이야.

그렇다면 어떻게 해야 할까?

그리고 미래적 자신을 응원하자

교사가 되고 싶은 학생이라면 "내가 교사가 되면 참 매력적일 것 같아."라고 하는 거야.

이런 식으로 미래적 자기를 응원하는 거야.

하지만 이 말 다음에 "그러니 꼭 공부해야 한다"는 말로 지금 성적이 나쁜 현재적 자기에 압도당하지는 말아야 해. 미래적 자기인 '매력적인 선생님'에 대한 구체적 이미지를 더 많이 떠올려야 해.

아이들에게 농담하는 선생님, 깔끔하게 옷 입는 선생님, 함께 고민을 나누는 선생님 등 여러 매력적인 선생님의 모습이 보일 거야. 그게 바로 그 학생이 도전해야 할 과제야.

지금 잘 먹히는 농담을 정리하고, 자기도 농담을 만들어 보고. 이게 바로 변화 아니고 뭐겠어? 그렇다고 개그맨 수준으로 잘할 필요가 있는 건 아니야. 지금보다 조금만 더 나으면 돼. 앞에 얘기한 '성장 법칙' 기억하지? 그렇게 조금씩 긍정적인 미래적 자기에 가깝게만 가면 돼.

미래의 나를 생각해 봐
멋지지?
미래의 나를 위해
현재의 나를 응원하자

누구나 과거를 후회하고 현재를 답답해하고 미래를 두려워할 수 있어.

하지만 그냥 미래가 아니라, 그 미래에서 행복해할 수 있는 자기 자신에 집중하면 다른 길을 찾을 수 있어. 두려움과 힘듦에 민감한 마음과는 별개로 긍정적으로 생각하는 미래의 모습도 마음속에 있기 때문이지.

꿈을 꿀 때는 구체적으로 꾸자

막연히 "시간이 가면 나아질 거야." 혹은 "간절히 바라면 이룰 수 있어."라고 말만 하는 것으로는 불안감과 두려움을 몰아내지 못해.

아직은 상상에 가까운 밝은 미래를 정말로 사실인 것처럼 생각해야 구체적으로 도전할 수 있지. 내가 '교사가 될 수 있을까?'라고 하기보다는 '일단 교사가 되었는데, 어떻게 하면 매력적인 교사가 될까?'라고 생각할 때가 더 긍정적인 변화와 이어지게 되어 있어.

심리학에 '자기충족적 예언 가설self-fulfilling hypothesis'이라는 말이 있어. 일단 자신이 이루고 싶은 것을 말하면 그것에 맞게 실제 결과도 이룰 가능성이 크다는 것.

변하고 싶어? 그러면 타임머신을 타고 가서 본 것처럼 이미 변한 자신의 모습을 구체적으로 말해 봐. 그리고 그렇게 되려고 노력하는 거야.

단, 미래의 측면에서 볼 수 있는 타임머신을 너무 먼 미래로 보내지는 마라. 구체적으로 말하기 힘드니까. 최소 1년 이상부터 5년 미만으로 보내야 해. 예를 들어 중학교 1학년생인데, 의사가 되고 싶다고 이 사람 저 사람 수술하는 장면을 상상한다면 그건 꿈을 다룬 영화가 아니라 차라리 공포물에 가까울 거야. 최종 꿈은 잊지 않되, 변화는 구체적으로 네가 도전할 것들로 상상하는 거야.

그리고 지금 가능한 변화부터 최종 꿈까지 생각하는 것이 아니라는 것을 잊지 마. 최종 꿈이라는 마지막 도미노를 넘기는 데 필요한 도미노들을 앞에 세우면서 거꾸로 되짚어 와서 현재의 과제를 정하는 거야.

힘내!

파이팅!

일단 네가 현재적 자기를 답답해서 변하고 싶다는 것은 긍정적인 거야. 봄에 피는 싹도 그냥 이렇게는 못 살겠다고 안이 답답해서 터져 나와 더 멋진 모습을 보이는 것이니까. 네 인생의 봄을 제대로 맞이하려고 하는 것이니까, 겨울로 돌아가려 하지 말자.

힘차게 앞으로 나아가 새로운 너를 꽃피우는 봄을 맞이하기를 응원할게.

제2부

꿈을 찾는 길에
시행착오를 겪는 건 당연해

07.

저는 꿈도 없고,
하고 싶은 것도,
좋아하는 일도 없어요.
이런 제 모습이 답답하기만 해요.

아이고, 참 힘들겠구나.

그리고 그렇게 하고 싶은 일이 없는데 이렇게 질문을 하다니 다행이다. 특히 그 많은 사람 중 나에게 물어 줘서 고마워. 놀리는 거 아니야.

생각해 보니 너는 일단 궁금한 것은 참지 못하잖아? 답답한 것도 못 참고.

하고 싶은 일이 없다는 것은 확실히 심각한 일이기는 해. 그런데 자기가 하고 싶은 일을 하면서도 하고 싶은 일이 없다고 생각하는 것보다 심각하지는 않지.

너는 사실 세상에 하고 싶은 일이 하나도 없었던 게 아니야. 하고 싶은 일이 없다고 생각한 것에 가깝지. 아마 너는 뭔가 새롭게 멋진 일을 하고 싶어 할 거야.

아니라고? 새롭건 멋지건 아무것도 하고 싶은 일이 없다고?

그러면 네가 이렇게 질문하고, 뭔가를 먹고 싶어 하고, 어딘가로 가고 싶어 하는 것은 다 뭐니? 그것도 하고 싶은 거 맞잖아?

그런 사소한 것이 아니라, 인생의 진로와 관련해서 하고 싶은 일을 찾고 싶다고?

맞아. 그래서 네가 잘했고, 또 앞으로 잘할 거라고 말하는 거야. 무슨 소리냐고?

인생의 진로를 찾으면 이 세상을 떠나서 우주를 슈퍼맨처럼 날아다닐까? 아니면 네가 하고 싶어 하는 것을 찾아 일상을 살고 있을까?

나름대로 일상을 살겠지.

슈퍼맨이 갑자기 새롭게 하고 싶은 것이 있다고, 아이언맨처럼 살려고 하면 우리는 그것을 변화라기보다는 코스튬 플레이에 가깝다고 하지 않을까? 네가 슈퍼맨으로 살고 싶다면 슈퍼맨으로서의 일상을 살아야 하고, 아이언맨으로 살고 싶다면 아이언맨으로 살아야 해. 나중에 바꾸더라도 일단은.

계속 자기가 하는 것은 별것 아니라고 보고, 아직 하지 않은 일 중에 더 좋은 것이 있을 거라면서 막연하게 새로운 것을 찾아 고민만 하고 있을 수는 없어.

나중에 슈퍼맨이 되든 아이언맨이 되든 그때도 자신이 하고 싶어 하는 것을 일단 해 보겠지. 그런데 지금 자기가 하고 싶은 것을 잘 못 하는 친구가 그때 갑자기 잘할 수 있겠어? 지금부터 차근차근 노력해야겠지.

여기서 중요한 점. 너는 이미 질문하고 싶어서 직접 했잖아. 그러니 그 자세를 잃지만 않으면 나중에라도 네가 하고 싶은 것을 찾고 실행할 수 있어.

우선 네가 이미 가진 것을 꼼꼼하게 보고 활용하는 훈련을 해야만 해. 자, 일단 너는 질문하고 싶어 했어. 그리고 내가 지금 하는 말을 잘 듣고 있어.

하고 싶어 하지 않은 일을 하는 사람도 있어. 그런데 자신이 하고 싶어 하는 일을 하는 사람도 있지 않아? 텔레비전에 나오는 사람만 생각하지 마. 동네를 돌아봐도 누군가는 하고 싶어 하는 일을 하는 사람이 있을 거야. 대단하게 성공했느냐 마느냐는 여기서 생각하지 말자.

네가 먼저 한 질문을 잊지 마. 너는 "멋지게 성공하고 싶은데 어떻게 해야 할까요?"라고 질문하지 않았어. "하고 싶은 일이 없는데 어떻게 해야 할까요?"라고 질문했잖아.

단, 여기에서 또 꼼꼼하게 살펴볼 게 있어. 너랑 힘과 나이, 취미, 환경이 확연하게 차이가 나는 사람이 좋아하는 일부터 도전하는 게 좋을까? 아니면 너와 비슷한 사람이 좋아하는 일부터 자신이 하고 싶은지 아닌지 확인할 겸 도전하는 게 좋을까?

당연히 두 번째 말한 선택이겠지? 만약 두 번째를 선택했는데 되게 하기 싫다면? 그러면 너와 비슷한 취향을 가진 다른 사람을 찾아서 그 사람이 좋아하는 일에 도전해 보는 거야. 그래도 별로라면?

그때는 분석해 보는 거야. 왜 두 사람이 좋아하는 일을 해도 다 재미없었는지 말이야. 예를 들어, 너와 체격이나 나이가 비슷한 친구가 테니스 선수가 꿈이어서 테니스를 힘들어도 재미있게 치는 것을 보고 너도 열심히 쳤는데 재미없었어. 그래서 이번엔 다른 친

네가 하고 싶은 걸 생각해 보고
일단 도전해 봐

구를 따라 수영을 하는데도 재미가 없다면 너는 다음에 다른 운동을 해도 재미없어할 확률이 높아. 그러니 운동이 아닌 것을 선택해야겠지.

다른 사람은 뭘 하면서 재미있어 하는지 살펴봐

그런 식으로 계속 도전만 하면 인생이 끝날 거 같다고?

아니야. 사람들이 좋아하는 것은 그렇게 다양하지 않아. 실패한 것과 비슷한 종류를 제거해 나가다 보면 성공할 것만 남게 되어 있지. 단 중구난방 도전해서 실패하는 게 아니라, 도전해서 실패한 원인을 찾고 성공 가능성도 찾으면서 가는 거야.

어떤 남자가 아무에게나 저돌적으로 달려들면 뺨만 맞고 끝날걸? 자신이 동성을 좋아하는지, 이성을 좋아하는지 확인하고, 얼굴이 예쁜 이성에게 마음이 끌린다고 고백했다가 차이거나 사귀었어도 별 재미가 없었으면, 다음에는 콧대가 높아 보이는 사람이나 외모만 좋고 말이 안 통하는 사람은 애초에 도전하지 않는 것이 현명한 거잖아.

진로 문제도 마찬가지야. "뭐든지 네가 하고 싶은 것에 도전해봐."라는 말을 오해하지 마. 아무것에나 도전하라는 말이 아니야. '뭐든지 네가 하고 싶어 할 만한 것에 일단 도전'한 다음에 실패했다면 왜 실패했는지를 깨닫고 다음 도전에는 그것을 적극적으로 참고해서 더 나은 선택을 하라는 거야. 똑같이 실패했어도 이번은 그나마 좀 재미있었던 면이 있다 싶으면 그런 면이 더 많은 것을 찾고 말이야. 그래서 뭐든지 도전하라는 말이 있는 거야.

너 설마 김연아가 스케이트 신은 첫날 '아, 조금만 하면 금메달 따겠는 걸?' 하고 생각했을 거 같아? 다른 것에 도전했다가 실패했고, 스케이트를 신고 나서도 새로운 기술을 익히는 과정에서 실패를 거듭하면서도 스케이트를 더 잘 타는 방법을 찾아낸 거야. 거기서 재미를 느낀 거고.

드라마에서 처음에 보자마자 사랑에 빠지는 커플처럼 네가 하고 싶은 일을 발견하자마자 단박에 결정하기는 어려워. 나도 네가 해 보자마자 운명 같이 재미있는 일을 만나기 바라. 하지만 그런 운에 인생을 맡기지 말고, 더 확실한 시행착오의 방법이 있으니 그 길을 가라는 거지.

시행착오는 정말 네가 좋아하는 걸 찾기 위해
범위를 좁혀 가는 과정이야

실패해도 너는 초인적으로 실패할 수 없어. 그냥 네 수준에서 실패할 뿐이야.

만약 네가 운동선수를 하려고 했는데 재미가 없어서 그만뒀어. 다른 종목 몇 개 해 봤는데 다 재미없어. 그래서 공부하는 거에 도전했어. 그런데 그것도 아니야. 그러면 이번엔 예술 쪽에 도전해 봐야지. 그런데 자신의 감성을 표현하는 것도 재미가 없어. 넌 네가 계속 실패하니까 분해서 주변의 다른 사람들에게 짜증 내는 것으로 분풀이하겠지. 그러면 상대방이 "다 네가 못나서 그렇지."라고 이야기하면 여태까지 노력한 너를 알아주지 않는다고 답답해 할 거고. 그래서 다른 사람들의 말이 틀렸다는 것을 증명하려고, 네가 왜 실패할 수밖에 없었는지 구조적 문제를 찾겠지.

이쯤에서 멈추지 마. 그것을 체계적으로 정리해서 인터넷 등에 올려. 그러면 비슷한 문제로 고민하던 사람들이 봐 주겠지. 사람들이 공감하면, 너는 더 신나서 네 의견을 펼칠 거야. 그렇게 네가 하고 싶은 대로 시간을 보내다 보면 넌 비판적 사회 평론가 혹은 교육 평론가가 되어 있을 거라고. 아니면 중간에 네가 하고 싶은 것을 찾아 선수가 되거나, 학자가 되거나, 예술가가 되거나.

이 모든 이야기에 빠지지 않는 것이 있어. 그냥 가만히 있어서는 아무것도 안 된다는 것. 실패해도 계속 움직였을 때 하고 싶은 일을 찾을 수 있어.

하고 싶은 것을 찾으려면 여러 번 도전해야 해. 그것은 불변의 법칙이야. 도전하는 과정을 좀 편하게 맞고 싶으면 꼼꼼하게 분석해야 하고. 가만히 앉아서 성공할 방법을 말하는 사람은 사기꾼일 확률이 높아.

"이 약만 먹으면 움직이지 않으셔도 살이 빠집니다."

이 말이 어느 정도는 맞아서 설령 살이 빠지더라도, 운동해서 뺀 사람과는 다른 건강 상태가 될 거야.

네 인생에 사기 쳐서 돈 벌려는 사람의 말에 속지 마. 너는 지구인이고, 다른 지구인이 좋아하는 것을 좋아할 확률이 아주 높고, 여러 번 도전하다 보면 그것을 찾을 수밖에 없어. 네가 좋아하는 것을 아주 편하게 찾으려는 마음이, 어떻게든 찾고 싶다는 마음을 이길 때 남들에게 속거나, 네가 지쳐서 포기하게 되는 거야. 지금 창피함을 무시하고 질문한 것처럼 하고 싶은 일에 집중해. 네 인생이니 좀 힘들어도 꼭 네가 행복할 수 있는 일을 찾아야 하지 않겠니?

08.

열심히 공부해서 대학에 가도 취업 걱정,
취업이 돼도 별로 행복하지 않다면서
퇴사를 고민하는 사회 선배들의 뉴스를 보면,
공부를 잘한다고
다 행복해지는 건 아닌 것 같아요.
어떤 분야를 선택해서 공부해야
나중에 행복할까요?

너 내가 어떤 주제를 선택해서 글을 써야 나중에 행복할 수 있는지 아니?

안다고? 뭔데?

적어도 이런 책을 쓰면 안 된다고?

그 말이 맞을 수도 있어. 하지만 나는 이런 글을 써야 행복해.

그래서 말인데, 넌 어떤 것을 공부할 때 행복하니?

나중의 문제를 말했는데, 왜 현재를 물어보느냐고?

생각해 봐. 지금의 네가 똑똑할까, 유치원 때의 네가 똑똑할까?

다른 애들과 비교해서 그때가 더 성적이 좋았다는 둥 이런 거 말고, 너 자신의 인생의 지혜를 그래프로 그린다고 생각해 봐. 네 지혜는 더디건 뭐건 상승 곡선이나, 수평한 정체된 선을 그릴 거란 말이야. 유치원 때 지혜로웠는데 지금은 완전 꽝이라고 하향 곡선을 그리지는 않을 거란 말이지. 유치원 때 모르던 단어도 이렇게 알게 되어 이런 책도 보는 네가 사실을 왜곡하면 안 되지.

지금의 네가 유치원 때의 너보다는 똑똑해. 맞지?

그렇다면 지금의 네가 똑똑할까? 아니면 스물 넘어서의 네가 똑똑할까?

당연히 스물 넘어서의 네가 똑똑하겠지. 지금 너는 네가 행복할 수 있는 것을 찾아 공부하면 돼. 나중에 행복할 공부는 지금의 너보다 더 똑똑한 미래의 네가 알아서 할 거니까.

행복은 주관적인 거잖아. 객관적으로 행복한 조건을 갖춘 유명인이 어느 날 사실은 불행하다고 자살하는 것이 현실이잖아. 왜? 행복은 자신이 느끼는 주관적 상태니까. 그러니 객관적으로 뭐라고 해도 별 소용이 없어.

주관적인 기준으로 자신이 행복해지는 것을 선택하는 길을 지금부터 가야 나중에도 자기 기준에 맞게 행복해질 만한 것을 선택하지. 그래서 그 길을 지금부터 가라고 조언하는 거야.

넌 별로 하고 싶지 않은데, 남들이 대단하다고 하는 공부를 하면 어떻게 될까? 지금도 행복하지 않은데 나중에 행복할 확률이 얼마나 있겠어?

일단 내가 좋아하는 것을 찾아서 공부해야 해. 그래야 분야가 설령 바뀌더라도 그동안 공부한 내공으로 행복의 길을 제대로 갈 수 있으니까.

어느 분야의 전문가라도 미래는 모르는 게 당연해

만약 네가 "어떤 분야를 선택해서 공부해야 나중에 성공할까요?"라고 물었다면 어떻게 대답했을까도 생각해 봤어.

전문가도 미래를 맞히지 못해. 알지? 국가대표 스포츠 대항전 결과를 놓고 전문가들의 예측이 얼마나 자주 틀리는지. 스포츠 도박사가 예상하지 못한 승부에 돈을 날리는 것도 알고 있잖아? 주식 전문가는 투자하는 족족 돈을 벌까? 드라마 작가로 수십 년 산 사람은 시청률을 맞힐까?

미래는 알 수 없는 게 당연해. 알 수 있다고 착각하는 것뿐이지. 그래서 확실하다고 말하는 것 자체가 사기일 수밖에 없어. 많은 사람을 대상으로 여론 조사를 해도 막상 선거 결과를 보면 의외의 인물이 당선되는 때가 있잖아.

더구나 미래는 지금보다 더 빨리 변할 테니, 지금 인기 있는 직업 분야가 제대로 살아남을지도 알 수 없어. 학교의 교과과정과 대입 전형과 대학의 학과와 회사의 경쟁력 순위가 지금도 얼마나 빠르게 바뀌고 있는지 알아? 검색해 봐. 대학교별 학과 이름이 어떻게 달라졌는지, 대학별 취업률이 10년 전과 지금 얼마나 달라졌는지, 기업의 순위는 어떻게 다른지 등등을.

그나마 성공 가능성을 높이는 것은 어떤 한 분야를 선택하는 게 아니라, 여러 분야를 조금씩 준비하는 것일 뿐이지. 왜? 앞으로 융합 시대가 올 가능성이 크니까. 그리고 이미 단일 전공의 시대가 아니라, 대학교에서도 복수 전공을 하는 시대니까.

어찌 보면 이것은 미래에 대한 대비가 아니라, 현실의 변화를 대비하는 일에 더 가까워. 현실 대비를 잘하는 게 나중에 현실이 될 미래에 대한 대비가 될 수도 있지.

먼저 네 마음에 물어봐
자신이 좋아하는 게 무엇인지

단, 현재에만 몰입하지는 마. 10년 전에 최고의 성공을 보장한다는 직업 중에 그 순위가 유지되는 게 별로 없으니까. 그래서 '성공'보다는 '행복'에 더 비중을 둬서 질문한 네가 더 유리한 거야. '행복'을 향해 도전하다 보면 성공하지 못해도 과정과 결과에서 모두 행복할 수 있어. 하지만 '성공'을 향해 도전하다 보면 현재의 행복도 놓치고 성공해도 별로 행복하지 않을 수 있어.

네가 행복이나 성공 두 경우 모두에서 예외일 것으로 생각하지는 마. 예외가 되는 사람은 이런 질문 자체도 하지 않을 테니까. 말 그대로 예외라서.

09.

새로운 것, 신기한 것을
정말 좋아해요.
잘하지는 못해도
이것저것 하고 싶은 것도 많고요.
뭘 선택하면 좋을까요?

네가 좋아하는 것들을
네 일상을 밝히는 촛불이라고 생각해 보자

아이고, 당황스러워라.

어떤 청소년은 하고 싶은 것이 없고, 어떤 청소년은 하고 싶은 것이 너무 많아서 걱정이라고 하니까. 질문의 롤러코스터를 탔으니 이제 방향을 바꿔 대답할게.

우선, 출발점을 명확히 하자. 하고 싶고, 좋은 것이 너무 많은 것이 나을까? 아니면 하고 싶거나 좋아하는 것이 하나도 없는 것이 나을까?

오해하지 말고 들어. 네가 지금 하는 고민이 배불러서 하는 말이라는 뜻은 아니야. 네 고민을 해결하기 위해 지금 네가 발을 딛고 있는 출발점이 어디인가를 확인하자는 거지.

느껴져? 물론 완벽하게 고민이 없는 상황보다는 상대적으로 어두운 쪽이지만, 완전한 어둠보다는 좀 더 밝은 쪽이라는 거? 왜 그런 걸까?

비유해 보면 더 확실해져. 네가 좋아하는 것은 네 생활을 밝히는 촛불 같은 것일까? 아니면 네 생활을 어둡게 하는 캄캄한 동굴 같은 것일까?

당연히 촛불이겠지.

그렇다면 촛불이 하나인 게 네 생활을 밝게 밝힐 때 유리할까?

아니면 여러 개인 게 유리할까?

당연히 많을수록 좋겠지.

단, 공기가 안 좋아져 촛불 자체가 제대로 탈 수 없게 되는 상황이 되기 전까지. 지금 네가 고민하는 건 아마도 이런 상황에 가까워졌기 때문일 거야.

그러면 촛불이 계속 살아남을 수 있도록 환경을 쾌적하게 바꿔야겠지? 촛불이라고 해서 무조건 다 살리는 게 좋을까? 아니면 꼭 살려야 하는 중요한 촛불을 먼저 고르는 게 좋을까?

당연히 중요한 촛불을 골라야겠지. 네가 좋아하기는 해도 네 인생에 더 도움이 되거나, 같은 시간을 들여도 훨씬 큰 기쁨을 주는 것이 무엇인지를 살펴야 해.

이제 네가 좋아하는 것을 골랐어. 그런데 살다 보면 예기치 않은 바람, 즉 힘든 일도 생기겠지? 물론 그런 바람이 될 수 있으면 없기를 나도 바라. 하지만 살다 보면 그런 일이 생기겠지.

그렇다면 그렇게 고른 촛불을 따로따로 떼어 놓는 게 좋을까? 아니면 가깝게 모아 놓는 것이 좋을까? 모닥불 필 때 바람이 불면 몸으로 바람을 막는 장면은 텔레비전이든 실제로든 자주 봤지? 그 상황을 떠올려 봐. 답이 쉽게 나오지?

그럼 촛불을 그냥 따로따로 여러 개 남겨 놓는 것이 좋겠어? 아니면 하나로 합치는 것이 좋겠어? 될 수 있으면 하나로 합치면 좋겠지?

더 좋아하는 것에
촛불을 밝혀 줘

네가 좋아하는 것들의 중요도를 구분하는 거야

지금까지의 이야기를 구체적인 예시로 설명해 볼게. 요즘 인기 끄는 연예인과 요리사 모두 되고 싶다면? 일단 둘 중 하나에 비중을 더 둬서 준비하는 거야. 그렇지만 나머지 하나는 네가 소중하게 여기는 것 옆에 놓는 거야.

예를 들어 가수를 준비하면서 노래만큼 요리를 시간을 들여서 하는 것은 효과적인 진로 설계가 아니야. 가수를 준비하면서 쉬고 싶을 때 맛있는 요리를 먹거나, 직접 해 먹는 것은 효과적인 설계지. 그렇게 계속 자기가 좋아하는 일을 섞어서 살다 보면 진짜 연예인이 되어 팬클럽을 갖게 되었을 때 팬에게 멋진 요리를 대접할 줄 아는 특별한 사람이 될 수도 있을 거야.

설마 팬들이 "가수가 왜 요리를 하고 난리야?"라고 하겠어? 되게 맛없는 요리를 매일 준다면야 그렇겠지만, 일단 자신은 행복하겠지. 그리고 먹는 사람도 그렇게 싫어하지는 않을 거야.

반대로 요리사가 되었는데, 꾸준히 음악을 들어서 식당에 감각 있는 음악이 흐르게 하고, 특별한 기념일에는 직접 노래까지 불러. 그러면 설마 단골손님들이 "요리사가 왜 노래를 부르고 난리야?" 라고 하겠어? 물론 매일 못하는 노래를 부른다면야 그렇겠지만, 일단 자신은 행복하겠지. 그리고 듣는 사람도 그렇게 싫어하지는 않을 거야.

어떻게 비중을 두는가는 상관없어. 자기가 조금이라도 더 좋아하는 것에 중심을 두고 둘을 합칠 줄만 알면 말이야. 단, 남들이 더 좋아 보인다고 말했다고 거기에 끌려가는 건 안 돼. 네가 질문에 쓴 것처럼 네가 좋아하고, 네가 하고 싶은 것을 선택해야지. 그래야 보조적으로 삼아도 꾸준히 하게 되어 결국 어느 경지에 오르게 되니까.

어떤 때는 사소하게 좋아하는 것들을 모으는 것으로 네가 행복한 길을 갈 수도 있어. 어떤 사람은 이야기하는 것을 좋아하고, 새로운 것을 남보다 먼저 알고 정리하는 것을 좋아했어. 그래서 그 둘을 결합해 이렇게 너에게 대답을 해 주는 사람이 되었지.

눈치챘겠지만 나는 행복해. 그럼 왜 연예인이 되지 않았냐고 묻는다면, 내 외모를 보면 그 답을 알 수 있다고 누군가 대신 대답하기 전에 이렇게 말할 거야.

"나도 연예인을 하고 싶었고, 좋아했어. 하지만 더 좋아하는 다른 것이 있어서 그 촛불을 껐어. 남이 끌 때까지 시간을 끌었다면 비참할 수도 있었겠지만, 남이 어쩌기 전에 내가 껐어. 그리고 내가 더 살리고 싶은 쪽에 집중했지. 그래서 나는 당당하게 말할 수 있어. 행복해."

자기 인생에 거친 바람이 불어 닥치기 전에 스스로 자기 촛불을 마구 끄는 것은 바보 같은 일이겠지? 시간을 갖고 생각해 봐. 불을 끄기 전에 네가 살리고자 할 것과 결합할 가능성은 없는지도 꼭 살피고.

　나는 작가이자 심리학자가 되었지만, 강연으로 남 앞에 서고, 가끔 텔레비전에 나오기도 해. 내가 직접 연예인처럼 노래 부르고 연기하는 것은 아니지만, 텔레비전이랑 완전히 관계가 없는 것보다는 솔직히 재미있어. 좋아하는 것을 잠시 꺼 놓았다고 영원히 꺼지는 것은 아니야. 계속 살다 보면 예전에 좋아했던 것과 조금이라도 연관되는 일을 할 기회가 올 테니 너무 아쉬워하지 마. 무엇보다 네가 더 즐길 일을 일상적으로 할 테니 그 아쉬움은 생각보다 크지 않아.

10.

저는 공부를 못 하는 건 아니지만,
공부가 제 길이 아닌 건 확실해요.
책상에 앉기만 하면
온몸이 비틀리고 짜증이 솟고……
그런데도 공부를 꼭 해야 하나요?

학교나 학원에서 배우는 것만이 공부일까?

이런 질문을 하는 학생들은 크게 세 부류로 나누어져.

① 공부의 의의를 진지하게 탐구하려는 학생.
② 그냥 공부하고 싶지 않아서 공부하지 않아도 된다는 말을 기대하고 물어보는 학생.
③ 이미 마음속으로 답은 정해 놓았는데, 당신은 그 답만 말하면 된다고 노려보는 학생.

②와 ③이 비슷한 거 아니냐고?

아니야. ②는 ①과 ③의 중간이야. 단지 그랬으면 좋겠다는 마음이 아주 조금 강할 뿐이지. 하지만 ③의 학생은 뭘 이야기해도 소용없어. 자기가 마음속으로 정해둔 답과 똑같은 답을 이야기하면 "아, 정말 열린 마음을 가진 좋은 어른이야."라고 하고, 공부해야 한다고 답을 하면 "아, 정말 꼰대야. 그러는 자기는 공부를 잘했나? 어디 검증해 보자." 하고 달려드는 친구니까.

그래서 나는 ①과 ②에 해당하는 학생을 위해서만 답을 해. 왜냐하면 그들은 열린 마음으로 들으려는 준비가 된 학생들이니까.

네가 왜 공부를 해야 하느냐고? 질문에 답을 하기 전에 '공부'에 대한 범위를 다시 정하자.

네 앞을 보기 전에 네가 지나 온 길을 봐 봐. 지금 네가 이 글을 읽고 생각을 더 발전시킬 수 있는 것은 네가 글자 읽는 법을 공부했기 때문이야. 네가 영어로 쓰여 있는 게임 제목, 브랜드 이름, 외국 연예인 이름 등등을 알 수 있는 것도 영어를 공부해서 그렇지. 네가 용돈을 받을 때 천 원보다 만 원이 더 좋다는 것도 숫자를 셀 수 있어서 그래. 그리고 돈이 뭔지 배워서야. 그렇지 않으면 "와, 알록달록한 종이네." 하면서 좋아하겠지. 아니면 냄새를 킁킁 맡다가 "와, 더러운 냄새가 나는 종이네." 하면서 던지거나. 아, 아니다. 종이가 뭔지 배우지 못했으니 그 말도 못 하겠구나.

이렇게 공부는 네가 성적을 높이는 것이 아니라, 네가 겪는 일상의 세세한 부분까지 이해하는 데 도움을 준단다. 보통 사람은 다른 사람 집에 들어가서 전체적인 인상으로 좋다, 나쁘다는 생각만 할 수 있지만, 건축이나 디자인을 공부한 사람은 설계가 어떠니 재료가 어떠니 마감이 어떠니 분석할 수 있을 뿐만 아니라, 지금 눈앞에 보이는 것이 아니라 다르게 꾸밀 수 있었던 것까지 상상할 수 있지.

공부는 네 삶을 좀 더 풍성하게 해 줄 거야. 아이돌 그룹이든, 게임이든 '입덕' 이후 계속 '덕질'을 하면 그렇지 않은 친구보다 다른 차원에서 즐길 수 있는 것처럼 말이야.

체험하는 게 바로 공부야

내가 말하는 공부는 단지 학교 교과목 성적을 위한 공부만 말하는 것은 아니야. 인생을 잘 살기 위해서 네가 체험하는 모든 것이 공부가 될 수 있어. 왜냐하면 체험하면 그다음에는 그것을 참고해서 나쁜 것은 피하고, 좋은 것은 더 선택하려고 할 테니까. 일부러 나쁜 것을 선택해서 인생을 망치려는 변태 빼고는 말이야.

체험에는 두 가지 종류가 있어. 먼저 직접 체험. 네가 아르바이트해서 가게 주인이 돈을 안 줄 때 노동자의 권리에 대해서 생각해 볼 수 있겠지. 하지만 이렇게 세상에 있는 것을 다 직접 체험해서 알려고 하면 힘들 거야. 네 인생의 시간은 유한하고, 네가 견뎌낼 수 있는 스트레스도 한계가 있으니까. 그래서 간접 체험으로 미리 네가 뭘 선택하는 게 좋은지를 공부하는 것이란다.

학교에서는 살인은 나쁜 것이고, 살인하면 처벌받는다고 가르치지. 그래서 너는 살인하면 안 된다고 생각해서 '가급적' 피하려고 해. 죽이고 싶도록 미운 사람이 있더라도 말이지. 살인하면 안 된다는 것을 직접 체험으로 알려고 하면? 감옥에 가서 10년쯤 썩은 다음에 철창을 잡고 "아, 역시 살인을 하면 안 되는 거구나." 하고 깨달으면 네 인생을 너무 낭비한 게 되잖아. 상대방의 귀중한 인생도 끝내 버린 거고.

너를 괴롭히려고 공부하라는 게 아니야. 너를 위해서 공부가 필요하다는 것이지. 더 좋은 대학을 가거나 남보다 더 잘하기 위해서가 아니라, 너 자신의 삶을 발전시키기 위해서 공부하는 거야. 그러다 보니 좋은 대학에 간 사람 중에서도 그 학교가 자신의 공부에 도움이 안 된다 싶으면 그만두는 사람이 생기는 거야. 그리고 좋은 대학을 나온 사람 중에서도 이런 생각으로 공부하지 않고 성적만 잘 받으려고 눈치작전에 가까운 공부를 해서 결국 자기 인생을 어떻게 살아야 할지 모르고 취업, 결혼, 육아 등의 문제로 계속 스트레스에 허덕이게 되는 거야.

어떤 상황은 간접 체험만으로 부족할 때가 있어. 그때는 직접 체험을 해야 해. 간접 체험을 하기 위해 만든 학교에서조차 직접 체험활동의 시간을 가질 정도니까.

요리사가 되고 싶은 친구는 요리를 주로 가르치는 학교에 가서 공부하는 게 도움이 되겠지? 하지만 학교에서 요리의 역사와 요리의 종류 등을 글로만 배우고 나머지 시간에 직접 요리해 보지 않으면 어떻게 될까? 당연히 좋은 요리사가 될 수 없을 거야. 반대로 요리 학교에 다니지 않은 친구라고 해도, 학교에서 과학 시간에 화학을 배울 때 열심히 듣고 자신이 직접 요리를 할 때 그것을 활용한다면? 요리 재료를 끓여서 화학 구조가 바뀌기 전에 양념하는 것과 그다음에 양념하는 것에 맛의 차이가 있다는 것을 알고 직접 요리를 하면 결과가 확 달라질 거야.

일반 학교의 선생님이 수십 명의 학생 중 요리사가 꿈인 몇몇 학

공부는

우리가 하고 싶은 걸 찾는

체험의 과정이야

생을 위해서 요리와 화학을 연결해서 설명하지는 않을 거야. 선생님이 일반적인 이야기를 해도, 요리사가 되기 위해 노력하는 학생은 계속 같은 마음으로 주변의 것을 받아들이니 그렇게 공부하는 것이지. 국어 시간에 멋진 표현법을 배워서 자신의 요리를 설명하고, 새롭게 만들 메뉴 이름을 정하고, 외국의 요리책을 보기 위해 외국어를 공부하지. 같은 수업 시간에 외교관이 되려는 친구는 다른 목적으로 영어 공부를 할 때 말이야.

학교나 학원에서 일반적으로 가르친다고 네가 그냥 공부한다면 이유를 찾을 수 없을 거야. 네가 나중에 되고 싶어 하는 것, 지금 하고 싶은 것을 종합해서 더 알아보려는 호기심으로 공부하면 재미있는 시간을 보낼 수 있을 거야.

행복해지려고 여러 가지 체험해 보는 게 바로 공부지

주변을 둘러보면 성적을 좋게 내려고 열심히 공부하지만 그다지 행복해 보이지 않는 학생이 있지 않니? 성적은 아주 좋은 정도까지는 아니지만, 뭘 물어보면 똑 부러지게 말하고 행복해 보이는 학생도 있을 테고. 행복해 보이지 않는 학생은 공부보다는 고난의 길을 걷고 있는 것이고, 두 번째 학생이 공부하는 학생이야.

너는 그냥 귀찮다고 공부고 뭐고 하지 않고 되는 대로 살고 싶니? 아니면 자기가 어디로 가는지도 모르고 끌려 다니면서 남들이 던져 준 과제를 해결하는 고난의 길을 가고 싶니? 아니면, 남들이 보면 무슨 길을 가는지 모르지만 자기는 확실히 뭘 하는지 알아서 자기의 길에 도움이 되는 주변의 것들을 룰루랄라 모으며 가는 행복의 길을 가고 싶니?

11.

성적이 떨어졌다고
제가 하고 싶은 미술을 하지 말래요.
부모님이 제 꿈을 짓밟으려 하는데
여기서 그만 둬야 할까요?

매우 속상하겠구나.

이런 문제는 미술뿐만 아니라, 음악, 체육, 연기 등 일반 학교의 학생이 다른 길을 선택하려고 할 때 자주 생겨. 혹은 꼭 예체능계가 아니더라도 자신이 원하는 길이 있는데, 부모가 다른 길을 가라고 하면 갈등이 생기지.

갈등이 생겼는데, 부모님과 잘 지내려고 자기 꿈을 포기하면 안 되는 거잖아. 그러면 불행해지고, 그 책임이 부모님께 있다고 생각해서 언젠가는 지금보다 더 큰 갈등이 생기게 되어 있어. 이런 이야기를 해도 네가 하고 싶은 것을 바로 선택하기는 힘들 거야.

왜? 이 상황을 격투기에 비유해 볼게. 네 표현대로 "꿈을 짓밟으려 하는" 사람이면 일단 네가 싸워야 하는 상대방이야. 그런데 부모님과 너 중에 누가 더 힘이 세지? 현재의 힘으로 붙으면 당연히 네가 져.

싸움하려면 상대방을 잘 분석해야 해. 가끔 운동 경기에서 약자가 강자를 이기는 이변이 일어나지? 그냥 우연히 그렇게 된 것일까? 아니면 약자가 강자의 전략에 잘 대비해서 문제 해결을 잘한 결과일까?

너는 지금 네가 약자인 것을 인정해야 해. 성질부리면 감정만 상한다고. 그리고 힘이 더 센 상대방이 너를 짓밟을 구실만 주게 된단다.

이때는 상대방이 예상하지 못한 한 방부터 날려야 하는 거야. 상대방은 네가 하고 싶은 것을 막았으니 감정적으로 나올 것이라 예상할 거야. 그런데 차분하게 공정한 게임의 규칙을 말하면 당황하겠지? 그때부터 네가 열심히 몰아치면 돼.

게임의 규칙을 설명하는 순서는 이래.

① 미술을 하고 싶어 하는 것은 나의 의지다.
② 나에게 미술을 하지 말라고 하는 것은 부모님의 의지다.
③ 그런데 내 인생의 행복을 좌우할 꿈을 나나 부모님의 의지만으로 판단할 수는 없다.
④ 현실에서 내 꿈이 얼마나 가능한 것인지 구체적 사실을 바탕으로 판단해야 한다.
⑤ 만약 두 달 동안 도전해서 내 꿈이 비현실적이라는 사실이 확인된다면 깨끗이 포기하겠다. 그리고 부모님이 원하는 대로 공부만 하겠다.
⑥ 단, 두 달 동안 나를 방해하면 그 시간은 연장될 것이다.
⑦ 두 달 이후 그 어떤 결과가 나와도 깨끗하게 받아들인다.

부모님은 "네가 미술 해 봤자 안 되니, 공부해서 일반적인 삶이나 살라"고 하시는 분들이야. 그러니 두 달 더 한다고 해서 결과가 달라지리라고 생각하지 않지. 그러니 지금 당장 잔말 말고 공부만 하라고 할 거야. 그래서 꼭 이것을 강조해야 해.

"두 달만 놔두면 그 결과에 따라 정말 깨끗하게 공부만 할게. 두 달."

지금 공부하라고 호통치면 바로 군말 없이 시작할 거 같지 않은 분위기를 만드는 게 중요해. 그러면 "까짓 거, 두 달은 이래저래 갈 시간이니까." 하면서 네 말을 들을 거야. 단, 여기에서 협상한다며 "한 달"로 줄이면 안 돼. 왜냐하면 네가 한 달 안에 완전히 변하는 것은 힘들기 때문이야.

꿈이 비현실적인지 아닌지를 직접 알아보자

일단 두 달에 합의가 되면 부모님은 "꿈이 비현실적인지 아닌지를 어떻게 확인할까?"를 궁금해 할 거야.

네가 미술을 전공하고 싶은 것은 취미가 아니잖아? 만약 취미로 하는 거라면 그냥 부모님 모르게 학교에서 낙서하는 식으로 해도 되잖아. 학교를 빼먹고 취미를 하겠다고 하면 누가 인정하겠니? 만약 취미로 하고 싶은 거라면 솔직히 취미 수준에 맞게만 하면 되는 거니까. 그냥 공부하고 싶지 않아서 미술로 시간을 보내려는 거라면 나는 반댈세.

심리학자이자 철학자인 에리히 프롬은 자유에는 두 가지 종류가 있다고 주장했어. 첫째 '~로부터의 자유'. 소극적 자유지. 둘째 '~에로의 자유'. 적극적 자유야. 왜 이렇게 구별하느냐고? 대한민국이 싫다고 대한민국으로부터 벗어날 자유만 생각한 사람은 행복할 확률이 낮아. 왜냐고? 벗어나는 것만 생각해서 일단 외국으로 갔다 쳐. 성공이라고? 현지 사람들과 의사소통을 편히 할 만큼 외국어를 공부했니? 또 마음의 준비는 제대로 했고? 철저히 준비해 가더라도 외딴 곳에서 홀로 생활하는 게 쉽지 않은데, 둘 중의 하나만 혹은 둘 다 준비가 안 되어 있으면 직업도 제대로 못 구하고 더 힘든 생활을 할 수도 있잖아. 그리고 정작 자신이 누려야 할 두 번째 적극적 자유를 그만큼 포기하는 나쁜 선택이니까. 하지만 '~에로의 자유'로 특정 국가에 유학이나 이민을 하고 싶어서 그 과정에서 대한민국으로부터 떠나는 사람은 행복할 확률이 더 높지. 비유가 대한민국을 떠나는 거라서 싫다고? 너는 끝까지 대한민국에 남고 싶다고? 맞아, 그게 너에게는 바로 적극적 자유야. 대한민국에로의 자유.

너는 적극적 자유로 대결해야 해. 그런데 문제는 자유로워지고 싶어서 미술을 하려는데 부모님이 방해한다는 거지.

여기에서 진지하게 물어볼게. 너는 꿈을 네 머릿속에서 펼쳐야 할까, 아니면 현실에서 펼쳐야 할까? 현실이라고? 맞아. 그러니까 너도 이번 기회에 현실에서 네가 꿈을 펼칠 수 있는지 확인해야만 해. 그냥 의지를 갖고 펼칠 거라고 말만 하는 게 아니라, 실행해 봐야지. 만약에 현실에서 가능성이 없다면 미술을 그냥 취미로 생각하는 게 좋아. 그럴 의지로 절실하게 두 달을 보내야 하는 거야.

두 달 동안 네 꿈의 현실성을 확인하는 방법은 다음과 같아.

처음에 시작할 때 평가자 네 명을 선정해. 미술가는 작품을 가족에게만 보여 주는 사람일까, 아니면 전문가에게만 보여 주는 사람일까, 아니면 일반인에게도 보여 주는 사람일까? 당연히 일반인에게도 보여 주는 사람이야. 그러니 일반인 평가자 네 명을 부모님과 함께 선정하는 거야. 선정하는 게 힘들면 그냥 카페에 들어가서 앉아 있는 사람에게 잠시 설문하고 싶다고 하고는 물어보면 되는 거야. 백화점 의자에 앉아 있는 사람이건 도서관에서 쉬는 사람이건 5분 정도 시간을 내줄 수 있는 사람을 선택하면 돼.

창피하다고? 너는 네 꿈에 대해서 별로 절실하지 않은가 보구나? 네 꿈에 대해서 너 자신도 절실하지 않은데, 왜 내가 이렇게 절절하게 대답을 해 줘야 하는 거지?

설문하는 방법을 잘 몰라서 그런 거라고? 그래, 그 방법을 알려 주지 않았구나. 다 네 작품만 보여 주면 나중에 비교할 수 없어. 그러니 네 작품 사진과, 네 작품과 그나마 비슷한 주제나 소재의 기존 미술가의 작품을 찍은 사진을 준비해서 보여 주고는 25점 만점으로 평가하라고 하는 거야. 터치가 어떠네, 색깔이 어떠네, 이런 세부 항목은 어차피 전문가가 아니라 모르니까 그냥 전체적인 종합 점수로 25점 만점에 몇 점을 줄 것인지를 요구하면 돼.

평가자가 네 명이니까 어느 한 사람이 너무 이상하게 줘도 보정이 돼. 정 찝찝하면 올림픽 체조 등에서 평가하는 것처럼, 최고 점수와 최저 점수를 뺀 두 점수의 평균을 내도 돼. 뭐가 되었든 네가 유리하게 설정해. 네 명의 점수를 합치면 100점 만점의 점수가 나와서 딱 보기 편해. 만약 두 명의 것을 제외하고 나머지 두 명의 것으로 점수를 정하면 50점 만점이 되는 거니까, 곱하기 2를 하면 되는 거 알지?

기존 미술가의 작품 사진을 준비하는 이유는 일단 너와 전문가의 수준을 비교하기 위한 거야. 만약 점수가 너무 낮게 나왔으면 기존 미술가도 낮게 나온 것으로 방어하고, 운 좋게 네 것이 더 좋게 나왔으면 그것으로 공격하고, 만약 기존 미술가의 것보다 점수가 더 낮게 나왔으면 그게 네 도전의 시작 점수가 되는 거야. 어떻게 나오든 괜찮아.

평가자로 가장 좋은 것은 객관적인 미술학원 선생님과 학교 선생님이야. 하지만 점수가 좋게 나와도 부모님은 모두 자기 분야로 끌어들이려는 수작이라며 믿지 않을 거야. 그러면 이렇게 미리 이야기를 해 둘 가능성이 없는 평가자로 점수를 내는 거야. 만약 부모님이 선생님을 포함해도 된다고 하면 그렇게 해도 돼.

일단 두 달 동안 도전할 출발 점수는 정해졌네? 시행착오를 거치면서 가장 좋은 작품을 내려고 최선을 다해 봐. 한 달은 뭔가 새

꿈을 이루기 위한 노력이

주위 사람들을 변하게 해 줄 거야

로운 것을 내기 힘든 시간이라서 두 달을 잡은 거야. 처음 한 달은 맘껏 여러 가지를 시도하는 게 중요해. 그런 다음 네가 더 잘할 방법을 찾아서 나머지 한 달을 보내는 거야. 그러고 나서 두 달의 마지막 날. 평가를 또 받는 거야. 평가자가 달라져서 문제가 생길 수 있지만, 걱정하지 마. 다 방법이 있으니까.

꿈을 이룰 수 없다는 결과에 승복할 용기도 있어야 해

최종 심판의 날. 이때 네가 할 수 있는 공격과 방어 방법은 네 가지밖에 없어.

첫째, 첫 번째 도전보다 최종 도전 점수가 1점이라도 높은 경우. 당연히 이렇게 노력하면 결국 100점 만점을 받을 날이 온다는 것을 강조해. 앞에 썼던 '1퍼센트 성장의 법칙'을 참고하기 바라.

둘째, 첫 번째 도전보다 최종 도전 점수가 1점이라도 낮은 경우. 아, 이건 정말 바라지 않았던 상황이야. 그런데 만약 기존 미술가의 작품 점수보다 네가 높다면? 그러면 그것으로 너를 방어하면 돼. 그런데 네가 기존 미술가 작품 점수보다 낮다면? 그러면 처음 시작점보다 점수 차이가 얼마나 줄어들었는지를 봐 봐.

만약 그 차이가 조금이라도 줄어들었다면? 현실적으로 불가능하다는 건 아니니까 또 두 달의 유예 기간을 달라고 해. 게임 조건에는 비현실이라고 나와야 하는 규칙이었는데 전문가와의 차이를 좁혔으니 그게 아니라고. 그리고 1퍼센트 성장의 법칙을 말하면 돼. 또 그 방법이냐고? 아니야. 어차피 부모님은 네 가지 경우 중에 하나에 빠진 상황에서 너에게 이야기를 듣게 되니 상관이 없어.

만약 그 차이가 조금이라도 줄어들지 않았다면? 안타깝지만 네가 그렇게 노력했는데도 나아지지 않았다면, 너는 미술을 그냥 취미로 가져야 할 가능성이 커.

그런데 네가 만약 왜 실패했는지를 정확히 알게 되었다면? 그러면 바로 앞에 말한 것처럼 유예 기간을 달라고 해. 단, 이번에는 두 달이 아니야. 딱 2주만 더 달라고 해. 비현실적으로 나온 게 아니다. 실패해도 딛고 일어난다면 그게 바로 현실이라고 꼭 설득해. 실패하지 않는 사람이 누가 있냐고. 그리고 만약에 이번에도 떨어지면 확실히 그만두겠다고 확실히 확실히 확실히 말해 둬. 그리고 너 자신에게도.

그렇게 해서 도전했는데 또 떨어졌다면 이때는 정말 그만둬야 해. 왜냐하면 이런 식으로 계속 도전한다면 너는 고통스럽기만 하고, 현실은 전혀 나아지지 않을 테니까. 그렇게 계속 살다가는 이런 사람이 될 수도 있어.

"내가 얼마나 노력하는데, 내 작품을 알아주지 않네. 내 예술이 너무 고상해서 사람들은 이해하지 못한다니까."

너 설마 이런 미술가가 되고 싶은 건 아니지? 그러니 포기할 때를 아는 것도 중요한 거야.

세 번째는 첫 번째 도전 점수와 두 번째 도전 점수가 같은 경우. 이럴 때는 비긴 것이니 재도전하면 돼. 그게 불행하다고? 아니야. 아무도 간섭하지 않는 상태에서 미술에 집중하는 게 네가 바라던 거 아니었어? 그 시간이 더 늘어난 거라고, 힘내.

꿈을 이루려고 노력하는 네 행동이야말로
부모님을 설득할 가장 강력한 무기야

네 번째는 네가 두 달 동안 정말 열심히 하는 모습을 보고 부모님이 감동한 경우. 부모님은 바라는 게 있어. 바로 네가 행복해지는 거야. 단지 네가 제대로 갈피를 못 잡고 인생을 낭비할까 봐 비교적 안전한 진로를 선택하라고 하는 경우가 많아. 하지만 네가 네 길을 정해서 확실히 노력하는 모습을 보인다면? 당당하게 부모를 설득해서, 의젓하게 그 결과를 받아들일 자세로 진지하게 임한다면? 그것은 "미술 공부하게 해 줘, 해 달란 말이야~." 하면서 징징 거리던 아이 같은 모습이 아니야. 진짜 전문가가 되려고 열심히 준비하는 꿈을 찾은 사람의 모습이지.

경험적으로는 네 번째인 이 경우의 수가 가장 많았어. 최악의 경우 그렇게 탐탁지는 않더라도, '자기 인생을 그렇게 산다니 좀 뇌

뒤 보자, 하다가 힘들어 지칠 때까지.'라고 생각해서 적어도 반대는 하지 않는 상황이 벌어져. 결국 "잘못되면, 내 인생을 대신 책임져 줄 거예요?"라는 질문에 부모님은 답을 못하게 되어 있으니까. 그런데 너는 "잘못되어도, 내 인생을 책임질 거예요."라고 행동으로 말하고 있으니까.

어때? 뭘 해도 너에게는 도움이 되는 도전 아니니? 의지와 의지의 싸움을 하지 마. 너에게 경제적인 지원을 하는 분들께 대항하려고, 돈 안 받고 먹지 않아 봤자 너만 손해야. 객관적 사실과 객관적 사실의 대결로 가도록 해 봐. 그러면 부모님의 의지만 중요한 장을 떠나서 전혀 다른 게임이 시작될 테니까.

12.

이렇게 힘들게 부모님을 설득해서 도전했는데
실패하면 어떡하죠?
그동안의 노력과 시간이
물거품이 되어 버리면,
다음부터는 부모님이 내 꿈에 대해서는
말도 못 꺼내게 할 것 같아요.
결국 부모님이 원하는 대로
꼭두각시처럼 살아야 하는 건가요?

실패한다면 한동안 불행한 건 당연한 거야

내가 만약 아이돌 여가수와 결혼했는데 나중에 사이가 틀어지면 어떻게 할까?

일단 여가수와 결혼이나 하고 나서 걱정하라고? 그리고 일단 그 사람과 이혼할 때까지 멋진 추억을 쌓는 것만도 대단한 일이라고?

그렇겠지?

그런데 왜 이런 이야기를 하느냐고?

네가 만약 도전하면 적어도 지금 고민만 하는 것보다는 훨씬 재미있는 일이 벌어질 거야. 그다음은 나중에 고민해도 돼. 그리고 설령 실패하더라도 그 과정에서 느끼는 행복은 아무것도 하지 않은 지금보다는 더 나은 거니까.

하지만 실패했을 때 그만큼 불행하지 않겠냐고?

아주 잘 되었을 때보다는 불행하겠지. 하지만 네가 생각한 정도까지는 아닐 거야. 원래 남자 친구나 여자 친구를 사귀기 시작할 때는 이 사람과 헤어지면 엄청 힘들 것으로 생각하잖아. 애정 영화의 비련의 주인공처럼 날마다 밥도 못 먹을 것 같고 말이야. 그런데 현실의 사람들을 봐. 헤어지고 나서도 밥은 먹잖아. 더 맛있게 잘 먹는 건 아니지만, 예상한 것보다는 더 잘 버텨 낸다는 거지.

사람들은 미래에 어떤 일이 있을지 잘 몰라. 그리고 그때 느낄 감정도 잘 예측하지 못해. 이런 것을 심리학에서는 "영향력 편향

impact bias"이라고 해. 어떤 정서를 불러일으킬 만한 사건을 예상할 때, 그 영향력을 실제보다 강하고 오래갈 것으로 과대평가하는 경향을 뜻하는 말이야.

사람들은 직업적으로 성공했을 때, 애인과 사랑에 빠졌을 때, 원하는 물건을 샀을 때, 원하는 곳으로 여행을 떠났을 때 행복감이 아주 대단해서 순간순간 가슴이 너무 떨릴 것으로 생각해. 하지만 성공한 사람도 일상이 지겹다고 하고, 애인과의 만남도 곧 시들해지고, 원하던 물건도 쓰다 보면 별것 아니게 되고, 여행도 하다 보면 힘들고 따분해지기도 해. 남들에게 자랑할 때는 더 행복하게 말하기는 하지. 하지만 그 당시 느낌은 원래 예상한 것보다는 못해.

반대로 승진에 실패하고, 선거에서 지고, 가족이 죽었어도 슬퍼했다가 어떻게든 다시 일상으로 돌아와. 왜냐하면 그 영향력이 생각한 것만큼 영원히 가는 것은 아니니까.

대개 기쁨이든 슬픔이든 그 지속력은 2개월이라는 연구 결과가 나왔어. 이것 덕분에 사람들은 너무 좋은 일을 겪어도 지속해서 심장마비에 걸리지 않고, 너무 슬픈 일을 겪어도 계속 우울증에 빠지지 않게 돼. 대부분은 원래의 마음 상태로 돌아와. 2개월 이상 지속되는 경우에는 특별한 의료적 처방을 하는 것도 대부분 사람들이 평정심을 찾기 때문이야. 극단적인 선택을 하는 것은 그 사건 자체만이 아니라 다른 문제들과 겹치면서 예외적으로 여러 충격이 한꺼번에 폭발하기 때문이지. 평균적으로는 심리적 충격에서 벗어나.

이렇게 이야기해도 쉽게 고개를 끄덕일 수 없을 거야. 인간은 이성적 판단보다는 감정에 크게 영향을 받는 경향인 "감정 편향affect bias"도 있기 때문이야. 자신이 원래 예민하게 생각할 수밖에 없는 중요한 문제에 대해서는 감정 편향이 더 심하지.

예를 들어 비가 안 올 줄 알고 우산을 챙기지 않았는데 비가 온다면 어떨까? 후회되겠지. 하지만 비가 안 올 줄 알고도 혹시나 해서 우산을 가져갔는데 비가 온다면 어떨까? 그 기쁨은 훨씬 크겠지. 그래서 웬만하면 귀찮아도 우산을 챙기는 거야. 오늘 비가 올 확률이 얼마이고, 내가 우산을 챙기는 데 드는 노력이 얼마인가를 세세하게 따지지 않고 바로 감정적으로 생각하는 거지.

실패했을 때의 두려움 때문에
아예 도전하지도 않으면 어떻게 될까?

도전해서 성공하길 바라는 마음은 누구나 커. 그때 누릴 감정에 대해서도 기대가 크지. 반면, 도전했는데 실망스러운 결과를 얻으면 어떨까 하는 걱정에 두려움도 커지지.

생각해 봐. 성공했으면 하는 마음으로 도전했는데, 실패할 확률이 정말 그렇게 높을까? 도전을 한 번 하고 '어떻게 되나 지켜보사'

내 자신을 믿고
현실에 도전하자

고 하지는 않을 거잖아. 실패할 위험이 있을 것 같으면 다르게 도전하고, 더 고민하고 더 노력할 거잖아.

그런데도 도전에 실패할까 봐 걱정만 한다? 그것은 너 자신을 덜 믿어서 그런 걸 거야. 힘든 일이 닥치면 그냥 포기할 것만 같아서. 하지만 일단 도전하기 시작한 너는 가만히 앉아 고민만 하는 사람이 아니야. 더 나은 결과를 내려고 최선을 다해서 도전했기에, 대충 하고 마는 건 아니야. 그래서 도전한 다음의 너는 지금의 너보다 더 현명하고 더 적극적인 사람으로 미래를 맞이하는 거야. 지금 고민하는 너보다는, 여러 어려움에도 불구하고 일단 도전을 선택할 너 자신을 믿는 것이 올바른 판단이야.

다른 질문에 대한 답을 할 때 이미 말한 거지만, 사람은 신이 아니라서 아무도 미래를 몰라. 알 수 있는 것은 현재와 아주 가까운 미래일 뿐이지. 어떤 친구가 "요리사가 되기 위해서 도전했는데 실패할까 봐 두려워요."라고 질문했다면 어떻게 대답해 줄래? 나라면 "네가 나중에 실패할지, 성공할지는 모르겠어. 하지만 최근에 네가 요리를 안 했거나, 앞으로 요리에 도전하지 않으면 100퍼센트 실패할 것은 똑똑히 알고 있어."라고 대답해 줄 거야.

'만약'이라고 생각하면 비현실적인 상상을 하게 돼. "만약 성공하면?", "만약 실패하면?", "만약 결혼하면?", "만약 연예인이 되면?"

상상으로는 뭐든지 될 수 있지. 하지만 현실은 아무것도 바뀌지 않아. 네가 머릿속으로 아무리 대비해도 네가 생각한 대로 다른 사람들과 미래가 움직여지지는 않아. 네가 행동하는 것만 확실하다는 현실을 있는 그대로 받아들여야만 진로에 대한 도전이 시작된단다.

나대신 누군가 해결해 줬으면 하는 마음, 누군가 미리 결과를 이야기해 줬으면 하는 마음. 이런 마음을 가질 수는 있어. 하지만 네 인생의 주인공으로서 도전하려면 그런 마음과 싸워서 이겨야 해.

네가 움직이지 않으면 '만약'은 없어

'만약'이란 말은 현실에서 몸을 움직여 실행해야 하는 것을 잊고, 현실에 있지도 않은 상상 속에서만 너를 살게 하는 '마약'과 같아. 그런 최악의 마약에 빠지면 네 삶은 병들고 말 거야. 현실로 나와, 그리고 현실에서 도전해.

네가 또 '만약'을 써서 내게 질문한다면 나는 "만약 내가 노벨 문학상을 받으면 어떻게 될까?" 하는 질문으로 대답을 대신할 수밖에 없단다. 네가 구체적으로 가능한 미래를 내게 아무리 말해도 결국 내 현실은 변하지 않아. 그게 아주 그럴 듯해서 실감은 나더라도 그건 상상일 뿐이니까.

"도전은 현실에서 해야 한다"는 불변의 법칙에서 벗어나려 하지

마. 만약의 세계에서만 걱정하고, 도전하고, 슬퍼하고, 기뻐하는 건 현명하게 문제 해결책을 찾는 게 아니라 망상에 빠져 제정신을 놓아 버리는 거야.

망상 속에서는 똑똑한 사람이 될 수도 있어. 하지만 나는 네가 현실에서 도전하는 사람이 되기를 선택하기 바란다. 강력히!

제3부

관계는 마음의 대화로
만들어 가는 거야

13.

친구를 사귀는 게 힘들어요.
특히 애들이 내가 없는 곳에서
험담하거나
나를 따돌릴 것 같아 두려워요.
다른 애들은 쉽게 잘도 사귀는 것 같은데,
나만 이렇게 힘든 걸까요?

친구 사귀는 게 쉬운 사람은 없어

나는 친구를 사귀는 게 너무 쉬워. 사람들이 나를 너무 좋아해서 피곤해.

내가 이렇게 말했다면 완전 재수 없겠지? 재수가 없는 것도 문제지만, 완전히 비현실적이지.

인간관계가 좋은 사람도 친구 사귀는 게 쉽지는 않아. 예를 들어 친구들과 하는 파티를 주도하는 친구가 있어. 그 친구는 파티를 온전하게 자기 계획대로 치르려고 꼭 챙겨야 하는 것들을 생각할 거야. 그리고 귀찮지만 자기가 그렇게 했을 때 참석한 모두가 재미있는 시간을 보낸다는 것을 알기에 열심히 준비하지. 그래서 무엇이든 처음 시작할 때는 그 결과를 상상하면서 즐거워해. 하지만 시간이 지나면서 참석하려던 사람들도 다른 일이 생겼다, 그거 말고 다른 걸 하면 안 되느냐? 하면서 그 친구를 힘들게 해. 그래도 준비하는 친구는 참을 거야. 왜냐고? 모두의 재미를 위해서. 모임이 제대로 운영될 수 있도록 자기감정도 억누르고 수고로운 일도 하나둘 더 추가하지. 그러다가 너무 억누르고 추가되는 것이 많아지면 고민하기 시작해.

'대체 내가 왜, 이렇게 재미없어하면서도 다른 사람들의 재미를 위해서 이 일을 하고 있나?'

바로 그때 포기하는 친구는 여러 친구와의 관계에 금이 가. 반대로 그 위기를 순조롭게 넘은 사람은 친구 관계를 더 확고하게 만들어. 남들이 보면 '모임도 쉽게 잘 만들고, 친구들과 잘 지낸다'고 하는 상황이 벌어지는 거지.

친구가 많을수록 관계에 금이 갈 위기가 많을까, 적을까? 당연히 많겠지. 하지만 그 친구는 더 노력해서 위기를 현명하게 넘기는 거야. 쉬워서 저절로 극복되는 게 아니야. 친구를 많이 사귀면 그만큼 많은 친구에게 관심을 쏟아야 하거든. 남들 눈에는 '쟤는 남들과 지내는 게 재미있으니 당연히 하는 것'으로 보이지만 그건 당연한 게 아니야. 그렇게 보이게 노력하는 것일 뿐이지.

관계의 문제는 양쪽 모두의 문제야

대부분 사람은 아까 말한 위기에서 "어, 왜 나만 이렇게 노력해야 해?"하면서 친구 관계를 좋게 유지하려는 노력을 멈춰. 그래서 특별하지 않은 그런저런 관계를 갖게 돼. 그러다가 이런저런 이유로 친구가 자신을 떠나지 않을까 걱정하거나 의심하지. 특별한 유대 관계가 없으니까 더 수고하지도, 자신을 희생하지도 않아. 상대방이 특별히 자신을 위해서 노력한 게 있다고 볼 수 없으니까.

미안한 말이지만 관계는 어느 한쪽의 문제만은 아니야. 혹시나 네 친구가 너를 따돌릴까 봐 걱정이라면 너도 상대가 그 정도의 마음이 들도록 행동한 적은 없는지 되돌아봐야 해. 사실 뒤를 보기만 하는 것은 관계에 별 소용이 없어. 반성은 짧게 하고, 앞으로 다른 모습을 보여 줘야 하는 거야.

네가 주도적으로 나서서 어떤 이벤트를 계획했는데 너를 따돌린다? 그게 가능할까? 애초에 함께하자고 했을 때 "야, 관둬."라고 했겠지. 중간에 너를 도와주던 친구들이 각자의 일이 바쁘다고 떨어져 나갈 때도 네가 네 자리를 지키고 함께 좋은 결과를 나누면 친구들이 너를 인정할 거야. 아주 특별하게. 중간에 힘들다고 애들과 싸우면? 그 결과는 말하지 않아도 알지?

이렇게 실행하는 게 힘들다고? 네가 청소년이어서 특별히 힘든 건 아니야. 어른도 인간관계를 힘들어해. 서점에 가 봐. 관계에 관한 책이 얼마나 많은데. 그만큼 어른들도 인간관계를 잘 만드는 걸 힘겨워한다는 뜻이야. 너희 부모님을 봐. 아무리 주변 사람들과 잘 지낸다고 해도 가끔 친척이나 친구와 통화하는 내용이 항상 밝지만은 않다는 걸 알고 있잖아.

인간관계가 좋은 사람도 사실 그 사람을 싫어하는 사람이 있어. 유명한 연예인은 팬클럽이 있고, 팬들은 그 사람을 엄청 좋아하지만, 안티팬도 상당히 있지. 모든 사람에게 사랑받고, 친구와 원만하게 관계를 유지하는 게 쉬운 사람은 없어. 남들이 보기에는 쉬워 보여도 당사자는 상대방에게 그만큼 신경을 쓰고 노력하는 거야. 그렇지 않으면 팬조차도 떠나는 게 현실이니까.

혼자되기가 싫은 거니? 친구랑 잘 지내고 싶은 거니?

일단 친구를 사귀는 게 힘든 것은 어쩔 수 없는 일이야. 문제는 애들이 널 따돌릴 것 같아 두렵다는 거지. 네가 정말 믿을 만한 좋은 친구를 사귄다면 이런 질문을 했을까?

"좋은 애들을 친구로 사귀는 게 힘들어요."

이상하지 않아? 좋은 애들이라면 좋은 것이 뭔지 아니까 너도 그 애들을 좋게 대하면 쉽게 친해질 수 있을 거야.

문제는 따돌림 당하기 싫어서 어떻게든 누구라도 사귀려고 하니까 생기는 거야. 이런 사람들은 사람을 사귀어도 상대를 믿지 못해. 진짜 그 애와의 우정을 바라서 사귄 것이 아니라, 따돌림을 당하지 않으려고 보험 드는 심정으로 사귄 것뿐이니까. 자신이 그렇다 보니 다른 사람도 보험용으로 나를 사귀는 건 아닐까, 나중에 좀 더 좋은 친구가 있으면 미련 없이 버리지 않을까 하고 두려워하는 거지. 거꾸로 말하자면 너도 더 나은 애가 있으면 그 애들과 놀지 않아도 된다는 생각을 하고 있을 거야.

'혼자 있는 건 안 돼.'라는 생각으로 어울리다 보면, 상대가 자신이 원하지 않는 것을 하자고 강요할 때 고민하게 돼. 당연한 거야. 그리고 이렇게 고민 상담을 하지.

"애들이 흡연과 음주를 함께 하자고 부추기는데 어떻게 해야 할까요?"

자기가 흡연과 음주를 좋아해서 마구 해도 되는 사람이면 이런 고민을 하지 않을 거야. 혹은 흡연과 음주를 억지로 요구하는 애는 친구가 좋아하는 것, 싫어하는 것도 존중하지 않는 것이니 친구가 될 수 없다는 기준이 있는 사람이면 그냥 만나지 말아야겠다고 결심하겠지.

자기가 좋아하는 것과 싫어하는 것을 명확히 밝히면 떠날 것으로 생각하는 녀석들을 단지 '혼자가 되면 안 된다'는 생각으로 만나려는 게 문제야.

나를 따돌릴 수도 있는 녀석들, 흡연과 음주를 부추기는 녀석들이 문제가 아니라, 바로 너 자신이 문제라고 하니 좀 당황스럽지? 물론 흡연과 음주를 강요하는 친구들이 문제인 것도 맞아. 하지만 그런 녀석들을 끊지 못하는 너한테도 문제가 있다는 것을 지적하는 거야.

네가 그런 녀석들과 인연을 끊고 더 좋은 친구를 만난다면 따돌릴까 봐 두려워서, 싫은 일을 억지로 할 필요도 없는 거잖아.

혹시 친구를 못 믿는 건 아니니?

일단 네가 만나는 애들이 어떤 애들인지 분석해야 해. 애들이

친구의 관계도 노력이 필요한 거야

사실은 너를 따돌릴 마음이 전혀 없는데, 너 혼자 상상으로 따돌릴 거로 생각해서 먼저 일을 저지르면? 나중에 자기네는 그런 나쁜 친구들이 아니라고 하면 오히려 네가 먼저 친구를 믿지 않고 등 돌린 나쁜 애가 될 수 있어. 그러니까 실제로 따돌릴 가능성이 얼마나 되는지 따져 봐야 해. 일어나지도 않은 일을 미리 걱정하는 것만큼 어리석은 일은 없지.

네 고민 대부분은 네가 그들을 믿지 못해 나쁜 상상을 하는 경우일 거야. 어떤 학생은 내 블로그에 다음과 같은 자신의 일화를 올린 적도 있어. 일진을 친구로 둔 학생이 어느 날 용기 내서 친구에게 "야, 내 가장 친한 친구인 네가 다른 애들 괴롭히는 거 싫어."라고 말했더니, "그래, 미안해. 내가 잘못했다."라고 하고는 예전보다 더 가까워졌다는 거야. 심지어 이 이야기를 올린 친구는 그 일진 친구였어. 물론 일진인 친구도 잘 모르는 애가 그런 식으로 말했다면 오히려 더 화를 냈겠지. 하지만 자기를 믿는 친구가 말하니까 들은 것이지.

애들의 행동을 잘 살펴보면 널 따돌릴 애들인지 아닌지 구별할 수 있어. 네가 세심하게 볼 수 없다면 그 애들이 너를 따돌리는 것이 아니라, 네가 그 애들에게 제대로 다가가지 못하는 거야.

지금까지 말한 사례와 반대의 분석도 있어. 로또에 당첨된 적은 없는데 세상에는 로또에 당첨된 사람이 많이 있으니 당첨될까 봐 계속 복권을 사서 꽝인 경우를 직접 눈으로 확인해. 그러면서도 허

튼 기대로 또 복권을 사는 경우가 있지.

애들이 힘을 합쳐 따돌린 적이 있니? 전체 학교나 네 반이나 다른 친구 모임에서 그런 거 말고, 바로 네가 속한 친구 집단에서 말이야. 네 눈으로 그것을 봤다면, 네가 그런 친구들에게 정성을 쏟아도 언젠가 애들이 따돌릴 확률이 높다는 것이니 차라리 다른 노력을 했으면 해.

그 친구들을 어느 날 갑자기 멀리하고 다른 친구들을 사귀라는 말은 아니야. 학기 중에 다들 친한 그룹이 따로 있는데, 어느 날 "너희와 놀려고 쟤들과 작별했어."라고 하면 쌍수를 들고 환영하는 건 현실에서는 일어나기 어려운 일이니까.

굳이 애들에게 "너희와 멀어지려고 해."라고 말할 필요가 없어. 마음의 준비를 하는 거지.

SNS 친구에게 관심을 두거나, 네 또래가 아니어도 마음을 주고받을 멘토를 찾거나, 새로운 학원으로 옮겨서 거기 친구를 사귀려 노력하거나, 학교 동아리의 선배와 후배에게 더 신경을 써서 혹시라도 그 애들이 따돌리려 할 때를 대비하라는 거야. 그 전에 네 친구와 잘 지내는 게 최선책이겠지. 하지만 그럴 가치가 사실 별로 없는 애들이면, 만약의 사태를 대비하는 게 최선책이 될 수 있어.

《열세 살 마리옹-오지 않는 너를 기다리며》라는 책이나, 학교 폭력에 대한 여러 사건 기사를 꼭 읽어 보기 바란다. 자신을 포기하면서까지 어떻게든 학교 친구들과 어울리려고 한 학생들이 어떤 비극적인 결과를 얻는지 똑똑히 알아야 할 필요가 있어. 그러면 '이왕이면 나쁜 짓을 해서라도 잘 지내면 좋지.'라는 생각을 하지 않게 될 거야.

믿지 못할 애들과 네가 함께 어울리는 모습을 본 다른 반 친구들이 다음 해에 너와 같은 반이 되었어. 그러면 역시 믿지 못할 애라고 생각하는 너와 굳이 친해지려고 노력할까? 네가 지금 당장 혼자되는 게 두렵다고 애들이 권하는 음주와 흡연을 하고, 그 소문이 애들 사이에서 나면 어떻게 될까? 지금의 너처럼 그런 것을 싫어하는(즉 너와 기준이 상당히 비슷한) 애들이 나중에 너와 어울리고 싶어 할까?

잘 생각해 봐. 지금처럼 함께 우르르 몰려다녔던 아이들 중에 학년이 바뀌고 나서도 진심으로 연락하고 있는 아이가 있는지를 말이야. 혼자 지내는 것이 무서워 사귄 애들 때문에 진짜 사귀어야 하는 애들을 더 멀리한 것은 아니니?

1년이 무서워서 나머지를 포기하지 않았으면 해. 표 나게 절교 선언을 하라는 건 아니야. 그 애들 말고 네가 접촉할 수 있는 다른 사람들에게 지금보다 더 신경을 써 보라는 거야. 사람을 쉽게 사

---

* 노라 프레스, 배영란 옮김, 애플북스, 2016년.
  학교 폭력을 견디지 못하고 가족들이 외출한 틈을 타 자신의 방에서 자살한 중학생 소녀 마리옹의 이야기. 사건을 파헤치며 알게 된 마리옹의 학교생활은 폭력으로 인해 처참했으나, 대수롭지 않게 여기는 학교관계자의 모습이 그려져, 학생은 물론 학부모, 교사들에게 학교 폭력의 심각성에 대해 경각심을 일으켰다.

귀는 사람도 우리가 모르게 그만큼 노력한다고 말했지? 그 노력의 법칙에서 자꾸 벗어나려고 하지 마. 너도 관계를 돈독하게 만들려는 노력은 하지 않고 너를 대충 봐 넘기는 애는 싫어하잖아.

친구 찾기가 어렵다면, '인생템'을 먼저 찾는 건 어때?

어떤 경우에는 적당한 사람이 없을 수 있어. 그때는 정말 차선책으로 소설이나 위인전 같은 책이나 네 또래 주인공이 나오는 영화를 찾아보도록 해. 위인전을 보면 힘든 상황에서 책을 읽고 그 속의 주인공과 공감하고 힘들 때 다시 책을 꺼내 봐서 용기를 얻는 장면들이 나오지? 친구가 꼭 네가 다니는 학교의 친구일 필요는 없어. 네가 마음을 나눌 수 있는 대상이기만 하면 돼.

나는 개인적으로 '빌리 엘리어트'의 주인공 빌리를 내 친구라고 생각해. 꿈에 도전하다가 힘이 빠질 때면 빌리에게 물어봐. 어떻게 하면 되느냐고. 그러면 그 애는 영화 속 주인공으로, 뮤지컬의 주인공으로 직접 자기 생활을 보여 주면서 내게 답을 줘. 내가 힘든 정도에 따라 느껴지는 게 다른 답을 주지. 나는 이청준 작가의 소설 《당신들의 천국》도 자주 읽어. 뭔가를 찾고 싶은데 그게 무엇인지조차 모를 때, 비슷한 상황에서 사는 주인공이 나오는 이야기를 보면서 그가 나에게 전하는 목소리를 들어.

너한테도 예전에 생각하지 못했던 것들과 느끼지 못한 것들을 머릿속에 떠올리게 도와주는 특별한 영화나 소설이 있지 않니? 그게 바로 그 친구가 네게 들려주는 이야기야. 그 말에 귀를 기울여 봐. 절대 배신당하지 않을 친구부터 시작해서 자신감을 얻고 더 당당하게 네 주변 사람들에게 다가가 보렴.

14.

애들이 상처를 줘서 슬퍼요.
애들이 아무렇지도 않게
툭툭 던지는 말이
내 마음을 아프게 찔러요.
나만 유별나게 예민해서
상처를 받는 걸까요?

네가 상처를 잘 받는 이유는 다른 데 있는지도 몰라

나도 네 이야기를 들으니 슬프다. 나도 그런 아이였거든.

지금은 남에게 상처가 될 말을 휙휙 던지는 표독스러운 사람 같겠지만, 나는 상처를 잘 받았어. 지금도 잘 받기는 해. 사실 좀 독한 말도 상대방이 자극을 받고 더 성장하기를 바라는 마음에서 하는 거야. 그냥 걱정하고 상처만 받고 있지 말고 어려움을 딛고 일어나는 승리자가 되라고 자극하는 거야. 이건 변명이 아니야. 장난은 더더욱 아니고.

나랑 비슷한 친구에게만 솔직하게 털어놓는 이야기를 한번 들어볼래? 너는 지금 친구 문제를 말했잖아? 그런데 나는 우리 부모님 이야기부터 하고 싶어. 심리학에는 "애착 이론Attachment Theory"이라는 것이 있어. 사람들이 대인관계에서 받는 상처의 기본은 부모님과의 관계에서 올바른 사랑을 느끼지 못했기 때문이래.

이 말이 네 부모님이 너를 사랑하지 않는다는 뜻은 아니니까 오해하지 마. 사랑이 올바르게 전달되지 않았을 수도 있다는 말이지. 예를 들어 자녀를 내버려 두는 것은 좋은 사랑일까, 나쁜 사랑일까? 과잉보호는 좋은 사랑일까, 나쁜 사랑일까?

너는 답을 알고 있을 거야. 방치보다 과잉보호가 낫다고 말하지 못하는 것은 둘 다 나쁜 사랑이기 때문이야. 태어나자마자 가장 먼저 만나는 부모로부터 올바른 방법으로 사랑을 전달받지 못한 사람은 살아가면서 심리적인 문제를 겪게 돼. 어떤 사람은 상처를 잘 받아 슬퍼하고, 어떤 사람은 그 상처를 숨기려고 과격하게 반항하지. 똑같이 힘든 일을 겪은 남매도 누구는 소극적이 되고, 누구는 완전 무서운 문제아가 되는 것도 애착 이론으로 설명할 수 있어. 둘 다 부모로부터 긍정적인 사랑을 받지 못해서 사람의 반응에 예민해진다는 거야.

일단 믿음을 주고받아야 마음이 안정될 텐데, 태어나 가장 먼저 본 부모와의 관계가 불안정하니 사람들을 잘 믿지 않아. 그러니까 사람들을 피하게 되지. 하지만 사람들과 너무 떨어져 있으면 외로우니까 사람들에게 다가가려고 해. 그런데 사람들을 믿지 않으니 너무 다가가지도 않아. 가장 가까웠던 부모에게도 상처를 입었으니까. 그래서 예민하게 상대방의 반응을 관찰하고 나에게 부정적인지, 긍정적인지를 계속 따져 봐. 그냥 넘어갈 일에도 반응을 보이다 보니 상대방은 지쳐서 더 다가오는 것을 포기해. 그러면 "역시, 이런 사람이었어. 또 상처받았어."라고 혼자 실망하지.

부모에 의한 상처가 계속 이어지는 거야.

선생님에게서 부모의 모습을 보기도 하지.

"너는 누굴 닮아 이 모양이니."

"정신 차려. 너처럼 멍청해서 어떻게 살래?"

"왜 자꾸 징징대니? 다 컸으니 알아서 할 때도 됐잖아."

"귀찮게 하지 말고 저리 좀 가."

꼭 이런 말을 들어서만 상처받는 것은 아니야.

"그냥 엄마만 믿어. 세상이 얼마나 무서운데."

"우리가 부모니까 너를 이렇게 특별히 사랑해 주는 거야."

"무슨 문제가 있으면 우리가 대신 해결해 줄게."

이런 식으로 너를 많이 사랑해서 하는 말 같지만, 사실은 네 능력과 가치를 별로 인정하지 않는 것도 상처가 된단다. 세상을 부정적으로 생각하게 하고, 네가 다른 사람에게도 사랑받을 가치가 있는 것을 믿지 않게 하지. 네가 무능력한 모습을 보일 때 오히려 너를 얼마나 사랑하는지 보여 주려고 작정한 사람처럼 말해.

정상적으로 사랑받지 못한 사람은 다른 사람을 믿지도 않고 세상에 대해 부정적이 되고 자기 자신에 대해서도 자신감이 없어. 무슨 일이 생기면 믿지 못할 사람이 자기에게 상처를 줬다고 생각하고, 부정적인 세상이 또 나를 곤란하게 했고, 스스로 나아질 힘이 없으니 누군가 나를 도와줘야만 한다고 절실하게 말하지.

이런 사람이 상처의 늪에서 탈출할 방법은 뭘까?

위로받고 싶은 말 먼저 건네기

상처를 지울 말들을 자신에게 하기. 우리 안에 가시처럼 박힌 상처의 말들을 뽑아야 해. "귀찮게 하지 말고 저리 가!"라는 말을 한 사람을 찾아가 처단하라는 말이 아니야. 그 사람에게 사과를 받아도 또 다른 사람에게 그 말을 들어서 상처를 입으면 안 되는 거잖아. 그렇게 못되게 이야기하는 사람을 만나도 네가 상처받지 않을 면역력을 길러야지. 그래서 일단은 그 말들은 일부러 기억하지 말아야 해. 그리고 네 목소리로 너 자신에게 그것과 반대되는 이야기를 해 줘야 해.

"네가 뭐 하는지 궁금해서 보려고 왔어."

이 말을 네가 허공에 대고 하는 게 낯설거야. 그래서 이런 말을 다른 사람에게 해 주는 것이 중요해. 네 선배나 동창, 후배에게 이렇게 네가 받은 상처와 반대가 되는 말을 하려고 노력해 봐. 그러면 그들도 너에게 언젠가 똑같은 이야기를 할 거야.

"네가 뭐 하는지 궁금해서 보려고 왔어."

네 목소리로 건넨 이야기를 다른 사람 목소리로 듣게 되는 거지. 그 순간부터 "다른 사람들이 나에게 상처를 줘요."라고 했던 사람은 사라지고, "다른 사람이 나에게 도움을 줘요."라고 하는 사람이 세상에 나오게 돼.

눈치챘어? 네가 '내 곁에 이런 사람이 있었으면……' 하고 바라는 사람이 되라는 거야. 네게 믿음직한 부모가 있었어야 했다면서 당장 결혼하라는 말은 아니야. 부모든, 친구든, 후배나 선배든 너에게 힘과 용기 주기를 바란 사람이 할 말과 행동을, 네가 다른 사람에게 하려고 노력하라는 거야.

나를 먼저 사랑하고
용기내어 다가가자

너는 상처가 있어서 다른 사람이 상처받을 만한 말과 행동도 잘 알고 있는 전문가야. 상처의 피해자였던 네가 다른 사람보다 더 좋은 기회를 잡을 반전이 벌어지는 거지. 다른 사람이 상처받지 않게 용기 내어 다가가. 그러면 훨씬 세심한 네 배려에 다른 사람들은 너를 특별하게 여기기 시작할 거야. 그리고 너를 믿고 너에게 좋은 이야기를 해 줄 거야. 네가 바라던 것처럼.

나는 상처가 있어. 그래서 그것을 하나씩 책으로 써 내고 있지. 자아 정체성도 없었고, 사랑도 몰랐고, 폭력적이었고, 꿈도 제대로 못 찾아 서른여덟이 되어서야 작가로서의 길을 가게 되었어. 하지만 그 상처를 그냥 놔두지 않고 다른 사람과 나누려 했을 때 멋진 변화가 생겼단다. 너에게도 그런 멋진 반전이 일어날 수 있어. 나보다 더 젊고 힘 있을 때 반전의 길을 시작하니까 말이야.

그런데 왜 이렇게 뾰족뾰족하게 글을 쓰냐고? 상대방의 인생을 생각하면 내가 욕먹는 것 따위는 참을 수 있거든. 나는 내 말에 자극받아 성장할 사람들을 믿어. 그 친구들은 내게 욕하지 않고 고맙다고 할 거야. 욕할 사람들은 어차피 내가 정중하게 말해도 내 진심을 언젠가 부담스러워 하거나 나와는 기준이 달라서 틀어질 사람들이야. 그래서 나는 내 친구들을 위해서 더 뾰족하게 말하고, 나랑 상관없는 사람들이 하는 말은 별로 상처받지 않는단다.

행복을 찾아가는 과정에 있는 이별을 두려워하지 마

상처는 내가 믿는 사람에게서 받지. 그리고 그 상처는 또 다른 사람이 내 믿음에 보답해서 아물고 말이야. 그래서 나는 상처에 덜 예민하게 되고, 더 많은 사람을 만나게 된단다. 강연이든 책이든 온라인이든.

네가 상처받는 진심을 드러내면 다른 친구나 어른 등 여러 사람이 우습게 보는 건 아닐까 걱정할 수도 있어. 그렇게 되지 않으려면 잘해야 한다는 강박관념 혹은 두려움을 갖게 되겠지. 어떻게 해야 극복할 수 있을까 하는 생각에 잠을 못 이루는 날도 많게 되고 말이야. 거꾸로 말할게. 어떤 사람들은 왜 너를 우습게 보지 않고 존중하려고 할까?

넌 그 사람들에게 무조건 잘 보여야 하는 노예가 아니야. 너도 관계의 끈을 맞잡고 있는 엄연한 한 주체야. 어떤 사람은 나에게 이렇게 요구해. 글을 착해 보이게, 아는 것이 많아 보이게 쓰라고. 하지만 내가 아닌 모습으로 잘 보여서 남들과 잘 지내는 것이 무슨 의미가 있을까? 진짜 나는 계속 답답한 감옥에 갇혀서 울부짖으며 상처받고 있는데 말이야.

일부러 남에게 상처를 주라는 게 아니야. 네가 가장 행복을 느끼는 상태를 찾아가는 과정에서 다른 사람과 멀어지는 것을 두려워하지 말라는 거야. 상처를 줬으면 사과해. 하지만 굳이 네가 아닌 모습으로 관계를 끌어 갈 생각은 하지 말라는 거야.

네가 바라던 모습이 아닌 채로 성공하는 것보다, 실패하더라도 네 본모습으로 도전했을 때 다음 기회에 행복해질 가능성이 큰 거 아니야? 조그만 성공을 위해 더 큰 성공을 포기하지 마. 다른 사람한테 상처 줄까 봐 스스로 상처 주지 마. 너부터 너를 사랑하지 않으면 부모나 친구나 다른 사람들도 너를 사랑하기 힘들어. 너는 이미 사랑하고 사랑받을 가치가 있어. 너 자신을 무시하고 될 대로 되라 하지 않고, 이렇게 너 자신과 관계에 대해서 고민을 한다는 것이 그 증거야.

너는 상처받은 피해자에 머물 수도 있어. 아니면 상처를 잘 아는 전문가로서 승리자의 길을 갈 수도 있지. 어디까지나 선택은 네가 하는 거야. 너는 충분히 할 수 있어. 내가 응원할게.

15.

전에는 그러지 않았는데,
요즘 친구의 표정이나 말투가 불량스러워요.
그냥 반항기라서 그런가 보다 싶다가도
가끔씩 쏘아보는 눈빛이
친구인 저조차 무서워질 때가 있어요.
친구를 정신 차리게 할 방법은 없을까요?

친구가 네 말에 귀 기울일 상황이니?

내가 앞에서 좀 다른 투로 대답했다고 이런 질문 하기야? 다시 마음 독하게 먹고 대답해 줄게.

"너나 잘하세요."

넌 어른의 잔소리가 듣기 좋니? 특히 "다 니 잘되라고 하는 말이야." 같은 훈계 말이야. 그런 이야기를 네가 친구에게 해 주면 "맞아, 친구. 내가 정신 차릴게." 이렇게 나올까? 아니면 오히려 관계가 멀어질까?

지금 한참 새로운 세계에 빠져 있는 친구의 귀에는 예전 세계에 있던 친구의 말이 잘 들어오지 않을 거야. 그럴 때는 나중에라도 네가 건넨 우정의 말이 도움이 되도록 편지를 쓰는 거야. 손편지가 가장 좋지만, 어려우면 스마트폰이나 컴퓨터를 통해서든 기록이 남을 수 있는 것으로 전달해.

왜 말로 하면 될 것을 글로 써서 주느냐고?

말이 아니라 글로 마음을 전해 보자

말은 네 목소리로 듣지만, 글은 네가 쓴 것이어도 그 친구가 자기의 목소리로 읽으니까. 즉, 자신이 생각할 때 자연스럽게 들리는 바로 그 목소리로 읽게 되는 거야. 그러니까 정신을 차릴 확률도 높아지지.

같은 이야기도 남의 목소리로 "야, 넌 게을러."라고 듣는 것보다 자기 목소리로 자신에게 "야, 넌 게을러."라고 할 때 변하는 정도가 다르거든.

편지는 한 번 주면 "뭐하는 짓이야?"라고 하게 되어 있어. 하지만 여러 번 일관되게 정상화를 촉구하는 내용을 받으면 받아들이게 되어 있어. 처음 본 광고에 "저거 대체 무슨 말이야?" 하고 반응했다가도 어느새 그 광고 노래와 문구를 따라 하게 되는 것처럼 말이지.

반복되는 문구의 효과가 없다면 왜 그렇게 많은 LED 광고판이 세상에 있고, 광고 메일과 편지가 배달되고, 가끔 카메라에 잡히는 경기장의 광고판에 문구를 집어넣으려 하겠어?

단순히 반복되는 것만으로도 긍정적으로 판단하는 데 영향을 줄 수 있어. 이런 것은 "단순 노출 효과mere exposure effect"라고 해. 처음에 못생겨 보이던 연예인도 계속 텔레비전에서 보다 보면 더 나아 보이잖아. 흔히 '가짜 뉴스'라고 하는 출처가 불분명한 이상한 이야기도 계속 듣다 보면 그 말에 더 귀를 기울이게 되듯이. 종편 방송에서 똑같은 이야기를 줄기차게 이야기하는 것도 처음에는 시청자가 이상하다고 느끼던 내용도 반복해서 들으면 그 이야기를 조금씩 믿게 되어 마음이 움직일 것으로 생각해서지.

너의 마음을 담아

친구에게 전달해 줘

단순히 반복하는 것만으로도 이런 효과를 거둘 수 있어. 그런데 네가 더 효과적일 수 있게 네 목소리가 아닌 그 애의 목소리로 전달하려고 노력한다면 어떨까? 자기 생각과 똑같은 목소리로 계속 반복된 메시지를 준다면?

세뇌 같아서 무섭다고? 네가 그 친구를 세뇌해서 이용하려는 게 아니라, 그 친구를 위해서 하는 거잖아? 바로 그 마음을 더 효과적으로 펼치기 위해 노력하기만 하면 돼.

혹시 메시지를 반복적으로 전달하는 것만으로 부족하다면 양동 작전을 펼쳐야 해. 내가 처음에 말한 "너나 잘하세요." 전략도 실행해 봐. 네가 나름대로 재미있고 더 좋은 모습을 보이고 그 친구를 초대하면 굳이 더 재미없고 더 나쁜 것을 새롭다는 이유만으로 선택하지는 않아. 그 친구와 함께 있을 때 예전의 모습대로 너와 시간을 보내는 게 더 편한 상황을 만들어 주면 굳이 그 친구가 나쁜 행동으로 그 시간을 깨려 하지 않을 거야.

네 친구가 남자 친구를 사귀면서 노래방에 여러 남자를 불러 너도 함께 놀자고 해. 그런데 너는 '네가 언제든 오면 반갑게 맞이해 줄게.'라는 메시지를 주면 낯선 변화에 스트레스를 받다가 오히려 더 네 품을 편하게 느껴서 돌아올 거야. '그렇게 하면 친구고 뭐고 없어.'라는 메시지는 반발심만 키운다는 거 잊지 말고.

너는 진심을 담은 네 목소리로 친구에게 좋은 영향을 주고 싶을 거야. 그렇게 친구를 변하게 할 가능성도 있어. 하지만 친구가 네 말에 귀 기울일 상황이 아니라면 너는 다른 선택을 해야 해. 그 애의 목소리로 읽을 수 있는 글이나, 그 애의 눈으로 보면서 자기 목소리로 생각할 수 있는 행동을 보여 줘야 하지.

16.

그러지 말아야지 생각하면서도
부모님과 얼굴을 마주하면 화부터 나요.
집 나가면 개고생인 것도 알지만,
부모님이랑 매일 싸우다 보니
차라리 집을 나가는 게
속은 편할 것 같다는 생각도 들어요.
어떻게 해야 할까요?

갈등은 피하지 않고, 해결하는 거야

흠. 갈등이 오죽 심하면 집에 들어가기가 싫을까 싶어 안타깝네. 영원히 들어가기 싫겠지만, 너도 알지? 가출한 친구들도 계속 길거리를 방황하는 게 아니라 집에 다시 들어가는 경우가 훨씬 많다는 걸 말이야.

네가 집을 나가는 것은 갈등을 해결하는 게 아니라, 갈등을 피하는 거야. 그리고 집을 나갔다 오면 그 갈등은 네가 집을 나간 것까지 더해져서 커지고 말이야. 너도 이런 사정을 알고 있으니 바로 가출하지 않고 고민하는 것일 테고.

돌려 말하지 않고 바로 이야기할게. 너는 갈등을 해결해야만 해. 너도 그러고 싶은데 방법을 모르는 거겠지.

부모님과 갈등하는 이유는 사람마다 달라. 어떤 사람은 치약 짜는 방법 때문에 갈등하기도 하고, 어떤 사람은 학교를 선택하는 것 때문에 갈등하기도 해. 모든 갈등 상황을 다 이야기할 수는 없고 분류해서 말할 테니 자신의 갈등 상황이 어디에 해당하는지 잘 생각하면서 들어 봐.

네가 중심을 잡느냐에 해결의 실마리가 있어

첫째는 진로 문제야. 어떤 학교에 갈지, 어떤 직업을 가질지 등에 대해서 부모님과 의견이 달라 문제가 생기는 거지. 부모님이 자신의 의견을 따르라고 강요해서 갈등이 생겼다면, 11장에 이야기한 방법을 써 봐. 그 이야기를 중심으로 제2부에 쓴 모든 내용을 참고해서 너의 상황에 맞게 전략을 짜 보면 해결할 수 있을 거야.

진로 문제는 네가 확실하게 중심을 잡아야 해결할 수 있어. 부모님과의 갈등보다 네 인생이 더 중요하다는 것, 그리고 그 결과도 네가 책임지겠다는 결심 말이야. 그러면 부모님은 너에게 마음을 열고 네 이야기에 진정 관심을 기울일 거야. 실제로 집을 나가서 자기 꿈을 이루고 집으로 돌아온 연예인이나 운동선수가 있잖아. 그때 그 사람들의 부모님 중에 "한번 나간 자식은 절대 다시는 안 본다"고 하던 사람이 있니? 오히려 자기가 자식 앞길을 막을 뻔했다고 미안해하는 사람이 더 많잖아.

자기 기분대로 결정하는 부모님 때문에 고민하는 친구에게도 똑같은 조언을 하고 싶어. 부모님이 자기 기분이 아니라 객관적인 규칙에 따라 결정하게 한다면 갈등은 해결할 수 있어. 물론 부모님은 자기 마음대로 안 되니까 화를 내기는 할 거야. 하지만 자식과 약속한 것도 있고, 다른 사람들의 눈도 있어서 맘대로 바꾸지는 못해. 이 경우에도 부모님과 갈등의 불씨는 약간 남아. 하지만 적어도 네가 싫어하는 결정은 하지 않는다는 것은 확실하지.

부모님과의 갈등이냐, 네 인생이냐. 부디 뭐가 중한지 네가 선택하기 바라.

때로는 부모님 앞에서 독립군처럼 연기할 필요도 있지

둘째는 친구 문제야. 네가 만나는 친구를 부모님이 인정하지 않아서, 그 친구를 만날 때마다 싫은 티를 팍팍 내고 아예 못 만나게 하면 갈등이 심해지지. 이럴 때는 친구의 장점을 반복적으로 보여주는 것도 방법일 테지만, 이미 미운털이 박힌 친구를 두둔한다고 생각해서 부모님은 듣지 않을 거야.

이럴 때는 독립군처럼 행동해야 해. 부모님 앞에서는 그 친구를 만나지 않는 척, 그 친구를 욕하면 연기력을 발휘해서 동감하는 척하면서, 사실은 그 친구를 만나고, 그 친구와 우정을 나누는 거지. 사실 부모님은 네가 친구를 직접 집으로 데려오지 않으면 확인하기가 쉽지 않잖아. 스마트폰 연락처도 다른 이름으로 저장하고 문자를 주고받으면 되고 말이야.

독립군도 자랑스러운 마음을 펼치려 맨날 "대한 독립 만세"를 광장에서 외치고 잡혀가지 않고, 실제로는 자랑스러운 행동을 몰래 했어. 마찬가지로 너도 "이 사람은 바로 내 친구요."라고 집에서

네 중심을 잡아,

갈등은 피하는 게 아니고

노력해서 줄여 나가는 거야

외치고 외출 금지당하기보다는 겉으로는 아닌 척하면서 친구와는 잘 지내면 돼. 영원히? 아니야. 네가 몇 년 후 성인이 되어 진짜 집에서 나와 독립할 때까지, 혹은 그렇게 당당히 외쳐도 별문제 없을 때까지만 그러면 돼.

실리냐 명분이냐 사이에서 네가 현명한 선택을 하기 바라. 물론 실리와 명분 둘 다 가져가면 좋지만 둘 중의 하나라면 무엇을 택할지는 분명하지 않아? 뭔가를 선택한다는 것은 다른 것을 포기한다는 것임을 받아들여야만 해. 그게 성숙한 자세야.

일단 감사 쪽지부터 전해 보자

세 번째로 용돈 문제가 있어. 너 혹시 "부모님이 너무 돈을 많이 줘서 짜증이 나요."라고 말하는 사람 봤어? 돈이 많은 사람도 잘난 체 엄청 하다가 막상 돈을 쓰려면 쓸 돈이 없다고 해. 그렇다고 무조건 참으라는 말은 아니야.

넌 용돈을 부모님이 무조건 줘야 하는 당연한 것으로 생각하고 받니? 그러면 부모님이 용돈을 주고 싶을까? 아니면 용돈을 감사히 여길 때 부모님이 더 주고 싶어 할까? 입장을 바꿔 생각해 봐. 어떤 선택이 좋은지가 보이지?

부모님이 주는 것에 네가 감사하는 마음부터 가진다면 갈등을 해결할 수 있어. 여태까지 용돈 문제로 툴툴거리던 애가 갑자기 "저 여태까지 잘못 생각했어요. 정말 용돈 주셔서 감사해요."라고 말하면 부모님은 당황할 거야. '이 녀석이 놀리나?' 하는 생각이 들어 불쾌할 수도 있어. 그러니 말로 하지 말고, 용돈을 주시면 간단한 메모를 써서 냉장고나 차 안에 붙여 봐. 그러면 부모님은 감동하실 거야.

그렇게 네 진심을 전달하고 나면, 집안일을 도와드리면서 용돈을 좀 더 주시면 안 되는지 말해 봐. 그냥 "나는 당신의 자녀이니 내가 필요할 때 돈 주세요." 하는 것보다 훨씬 효과적일 거야.

그리고 뭉텅이로 용돈을 한 달에 얼마라고 하지 마. 그러면 같은 돈도 큰돈처럼 느껴지거든. 하루에 "애들과 간식 먹는 데 얼마, 교통비로 얼마, 비상금으로 얼마." 이런 식으로 나눠. 그런 식으로 해서 한 주에 얼마! 이렇게 받아. "한 달에 5만 원"이라는 느낌과 그냥 "한 주에 만3천 원"은 느낌이 달라. 단 "한 달에 4만 원" 이렇게 계산을 뻔하게 해서 "한 주에 만 원"이라고 하지 말고, 어정쩡한 숫자가 되게 비상금으로 조율해 봐. 한 주에 다 합쳐 보니 만3천 원! 이런 식으로 만5천 원을 편하게 받을 수 있게 유도하는 것이 좋아. 그걸 한 달 동안 합치면 용돈 상승 효과도 있으니까. 최악의 경우, 한 주에 만3천 원을 받아도 한 달이면 5만2천 원으로 올린 효과가 있다는 건 덤이야.

심리학에서 말하는 "디노미네이션 효과$^{denomination\ effect}$"에 따르면 같은 금액도 어떻게 구성하느냐에 따라 달라져. 너도 같은 5만 원을 5만 원짜리로 받았을 때와 천 원짜리로 50장 받았을 때를 비교해 봐. 왠지 5만 원짜리 덩어리 하나는 더 커 보이고, 허물기 더 아깝게 느껴지지 않니? 그래서 네가 용돈을 큰 덩어리로 받으려 하면 부모님으로서는 큰 덩어리가 나가는 것 같아서 부담되는 거야. 그것을 잘게 나눠서 달라고 할수록 부담이 없어져.

그리고 특별히 학용품이나 재료비 등 쓰임새가 확실히 있는 것은 별도로 요구해. 그것은 네가 한 달 용돈 범위 안에서 미리 예상할 수 없으니, 혹시나 그것을 대비해서 주시겠다고 해도 사양해. 그래야 부모님은 상대적으로 너한테 용돈을 덜 주는 기분이 되어서, 기분 좋을 때 용돈을 올려 줄 가능성도 커지는 거니까. 눈앞의 이익에 눈이 멀어 "옜다, 이 돈 줄 테니 알아서 해."라는 말에 현혹되지 않기를 바란다.

이런 식으로 여러 갈등을 해결하려고 하면, 집에 들어가고 싶지 않을 정도의 마음은 갖지 않게 돼. 아무리 사이가 좋아 보이는 가족에게도 "갈등이 없나 봐요?"라고 물으면 "에이, 문제가 없는 가정이 어디 있어요?"라고 말한다는 것 잊지 마. 다들 서로 노력해서 갈등을 줄이는 것뿐이야. 내가 너에게 조언하는 것도 최선을 다해서 더 큰 행복을 얻는 선택이란다.

17.

부모님이 칭찬할 때도
꼭 문제점이나 개선 사항을 말해요.
잘한 건 잠깐이고
결국은 내가 못났다는 것처럼 느껴져서
기분도 나쁘고, 우울해져요.
잘한 게 없는데 억지로 칭찬하는 것 같아서
칭찬받아도 기분이 좋지 않고
오히려 스트레스만 쌓여요.

화내기 전에 분석부터 해 보자

네 질문을 자세히 분석해 볼게.

네 부모님은 왜 칭찬을 한다고 생각하니? 다음 네 가지 중 하나를 골라 봐.

① 그냥 습관적으로 칭찬하는 사람들이다. 강도가 들어왔는데도 멋진 솜씨로 들어왔다고 감탄할 양반들이다.

② 나를 제대로 혼내기 전에 반전 효과를 위해 분위기를 까는 것이다. 그래야 혼날 때 내가 더 충격받을 테니까.

③ 내가 한 일을 자기들 기준으로도 좋다고 생각해서다. 진심으로 대견한 마음에 가만히 있지 못해서 말로 표현하는 것이다.

④ 남 애길 듣고 이건 칭찬해야 한다고 하니까, 의미도 모르고 칭찬하는 것이다.

답은 뭘까? 각자 처지에 따라 다를 수도 있겠지만, 대부분 세 번째 답을 고르지 않았을까 싶어.

그래 맞아. 네가 한 일이 좋아서 칭찬하는 거야. 그것에는 너도 동의하는 거지? 그건 기분 나쁘지 않은 거지? 너도 칭찬을 받으면 좋은 거지? 설마 다른 사람들이 칭찬했는데 "칭찬 따위 받고 싶지 않아요."라면서 방문을 쾅 닫는 성향의 변태인 건 아니지?

그렇다면 문제는 칭찬이 아니라, "꼭 문제점이나 개선 사항을 말하는" 부분이겠네.

그러면 부모님은 왜 문제점이나 개선 사항을 말할까? 다음 네 가지 중 하나를 골라 봐.

① 그냥 습관적으로 비판하는 사람들이다. 강도가 들어왔는데도 더 멋진 솜씨로 들어올 수 있었는데 그러지 않았다고 비판할 양반들이다.

② 나를 제대로 칭찬하려고 반전의 효과를 극대화하기 위해 분위기를 까는 것이다. 그래야 나중에 칭찬받을 때 내가 더 감동할 테니까.

③ 내가 한 일이 좋으니까, 더 좋게 만들 방법을 이야기해 주면 도움이 될 것으로 생각해서다. 진심으로 도와주고 싶은 마음에 가만히 있지 못해서 말로 표현하는 것이다.

④ 남 얘길 듣고 칭찬할 때는 항상 개선 사항을 말해야 한다고 하니까, 비판의 의미도 모르고 그렇게 하는 것이다.

답은 뭘까? 이번에도 각자 처지 따라 다를 수도 있겠지만, 대부분 세 번째 답을 고르지 않을까 싶어.

네가 더 좋은 결과를 얻으라고 문제점을 지적하고 개선사항을 말하는 거야. 네가 한 일이 마음에 들지 않아서가 아니야. 일단 마

부모님의 진심을 이해하고

너의 진심을 보여 줘

음에 들었어. 그래서 더 욕심을 내는 거야. 이 말에는 너도 동의하는 거지?

수동적인 방어보다는 적극적인 질문으로 역공!

부모님의 욕심은 싫어할 수 있지만 부모님의 진심은 알아야 해. 그래야 갈등을 줄일 수 있거든. 칭찬이든 문제점 지적이든 다 네가 한 일이 좋아서 말하는 것이라는 것.

그런데 그것을 다 듣자니 스트레스를 받는 거잖아. 그러니 칭찬 부분이 집중적으로 나오는 1절을 듣고 나서 비판점이 나오는 2절이 시작될 때는 머릿속으로 다른 것을 떠올리며 고개를 끄덕이는 것도 방법이야. 그런데 보통 비판을 늘어놓으시는 분은 그냥 고개를 끄덕이는 것에 만족하지 않잖아?

"너 정말 내 말 이해했니? 가슴속 깊이 새겨듣고 있는 거야?"

이런 식으로 시험이라도 볼 기세로 물어보잖아. 그러니 수동적으로 고개만 끄덕이는 것은 한계가 있어. 그럼 어떻게 해야 할까?

공격이 최선의 방어인 법.

"아까 그렇게 칭찬해 주시니 너무 기분 좋아요. 지난번 칭찬에도 제가 무척 감동했어요."

"지난번? 언제? 네가 중간고사에서 성적표 가져왔을 때?"

"아니, 축제 때."

"뭐, 어떤 걸 말하는 거지?"

"어, 그때 칭찬했던 게 진심이 아니었어요? 기억을 못 하시다니."

"뭔지 구체적으로 말해야 기억나지."

"정말 기억 안 나세요?"

"잠시만 기다려 봐. 내가 요즘 나이가 들었는지 깜박깜박 한다."

이렇게 1절에서 강제 종료하거나, 2절로 넘어가지 못하게 1절 구간 반복을 시키는 거지.

칭찬을 여러 번 받지 않아서 이 전략을 못 쓰겠다고? 백만 년만에 칭찬받고, 부모님이 한 번 문제점을 지적한 것인데 그것도 못참는다고 한 거야? 아니잖아. 여러 번 칭찬하는데 그때마다 문제점을 지적해서 싫다는 거잖아.

지적받는 게 싫다고 칭찬받을 일 자체를 하지 않으면 누구 손해일까? 칭찬이 아닌 바로 비판의 말만 네 귀에 박히게 될 거야. 그냥 문제점을 지적하는 시간을 줄이도록 하는 게 최선이지.

진심을 전하는 다양한 방법을 고민해 보자

내가 말한 방법으로도 잘 먹히지 않으면 진지하게 말해. 우선은 부모님의 주변 사람을 움직이는 것이 좋아.

160

"아이고, 그 애가 칭찬받을 때는 좋은데, 바로 문제점을 지적하니 칭찬을 받아 좋았던 기분도 곧 사라져서 완전 스트레스 받는대요. 부모님이 좋아하시는 진심을 더 느끼고 싶대요."

명절날 만나는 친척을 통해서나, 선생님을 통해서나 꼭 부모님 귀에 들어가게 해야 해. 네가 쪽지를 써서 전하는 방법도 좋아. 하지만 어떤 경우에도 부모님이 자신을 돌아볼 시간이 필요해. 그래서 다른 사람을 통해서 듣고 태도를 결정할 여유가 있어야 하는 거야.

네가 직접 만났을 때 말하고 바로 답을 들으려 한다면 어떤 일이 벌어질까? 앞에서 객관식 문제 두 개를 풀었을 때 확인한 것처럼 "우리의 진심은~"이라면서 자신들의 진심을 오히려 이해받지 못한 것 때문에 억울해하는 이야기를 더 많이 들어야 할 거야. 그건 문제점을 들을 때보다 더 힘들 테고. 그러니 부디 현명한 선택을 하기 바라.

그리고 축하해. 일단은 칭찬받을 만한 일을 한 거. 그리고 내가 한 조언은 네가 못한 것에 대한 지적이 아니야. 더 잘되라고 하는 말이지. 혹시나 이런 내 마음을 네가 오해해서 내가 잔소리를 늘어놓는 것으로 생각한다면…….

18.

누구는 선생님이 좋아서
싫었던 과목도 좋아하게 되고,
덕분에 열심히 공부해서 성적도 올리는데,
전 선생님 때문에
학교 가는 게 싫어요.

어떤 선생님을 왜 싫어하는 거니?

홈스쿨링을 하거나 다른 삶을 선택하지 않는 한 청소년 대부분은 학교에 다니지. 그리고 시간 대부분을 학교에서 보내. 그러다 보니 학교생활이 청소년의 행복에 미치는 영향은 압도적이야. 그리고 그렇게 영향을 미치는 요소 중 선생님도 아주 중요한 비중을 차지하지.

같은 학교에 다닌다고 해서 모두 똑같은 학교생활을 하는 것은 아니야. 어떤 선생님과 어떻게 지내느냐로 학교생활이 완전히 달라지기도 해. 학생마다 선생님과의 관계에 따라 학교생활이 다르다는 뜻만은 아니야. 같은 학생이라고 해도 학년이 달라져 같은 학교의 다른 선생님을 만나면 완전 다른 학교에 간 것처럼 학교생활의 만족도가 변한다는 말이야.

이 질문을 한 친구는, 학교에 있는 모든 선생님이 싫어서 학교에 가기 싫은 건 아닐 거야. 선생님 대부분은 좋지만(혹은 적어도 나쁘지는 않지만), 몇몇 선생님이 너무도 싫어서 학교에 가기 싫을 거야. 그래서 학교에서는 특별한 이유가 있는 경우 반을 바꿔 주기도 해. 교감 선생님, 교장 선생님과 상담해야 하는 곤란함이 있기는 하지만 말이야.

담임 선생님과의 문제라면 반을 바꾸면 되지만, 특정 교과목을 담당한 선생님이라면 반을 바꾸는 것만으로는 문제가 해결되지는 않아. 그렇다고 전학을 가야 할까? 전학을 갔는데 비슷한 유형의 선생님이 또 있다면 어떻게 할래? 전학을 가더라도 문제를 해결하려고 도전해 봐야 다음 학교에서라도 더 잘할 수 있는 시행착오의 교훈을 얻게 될 거야.

담임 선생님이든 교과목 선생님이든 우선 네가 어떤 선생님을 싫어하는지를 확인해 봐야 해.

첫째, 외모가 부담되는 선생님. 그중에서도 못생긴 선생님. 이런 분은 눈을 마주치지 않고 목 아래를 보거나 교과서를 열심히 보거나 살짝살짝 눈을 감고 수업을 들으면 되는 비교적 간단한 문제야. 너무 잘생긴 선생님이라 부담스러워 싫다는 친구도 마찬가지 방법을 쓰면 돼. 교과서를 열심히 보고, 선생님이 옆으로 비켜 난 칠판을 열심히 보는 친구를 지적할 선생님은 거의 없으니까. 그리고 잘생긴 선생님이건 못생긴 선생님이건 반복해서 보면 그렇게 심리적 충격은 줄어들어. 두 달만 어떻게든 참아 보기 바라. 영원하지는 않을 테니.

첫 번째는 일부러 가벼운 이야기로 시작했어. 왜냐하면 다음 이야기들은 너무도 심각해서 그래.

비교해서 너를 괴롭히는 선생님과는 상담을……

두 번째, 다른 아이와 비교해서 짜증 나게 하는 선생님. 첨엔 외모만 가볍게 비교하다가 슬슬 심리적 공격이 들어오네. 이런 선생님 꼭 있어. 내가 최고로 잘 생겼는데, 최고로 못생긴 애랑 비교한다면 선생님에 대한 짜증보다는 상대방의 심리적 충격을 더 걱정할 거야. 문제는 내가 안 그래도 좀 처진다 싶은 부분에 대해서 나보다 더 잘하는 애와 나를 비교하니까 선생님에 대한 짜증이 확 밀려오는 거지.

한 번이라면 선생님도 사람이니 실수할 수 있다고 그냥 잊고 참겠는데, 계속 반복한다면? 당연히 참기 힘들지. 짜증은 분노가 돼. 그런데 선생님께 분노를 터뜨리면 패륜아가 되는 것 같아서 참아. 그리고 문제가 커지면 자기 콤플렉스를 공개하는 꼴이 되거나, 오히려 선생님께 대들었다고 학교에서 불이익을 받을 것 같아서 참지.

그런데 이것은 선생님과 너 사이의 문제만은 아니야. 그런 선생님은 다른 학생들에게도 그렇게 할 거야. 이런 건 학생 인권을 위해서 힘을 합쳐 해결해야 해. 선생님께 수업 중에 바로 이야기하면 다른 학생들이 보고 있으니 선생님이 당황해서 더 공격적으로 나올 수 있어. 그러니 수업이 끝나고 너도 감정을 누그러뜨린 다음에 상담을 신청해서 정식으로 이야기해. 계속 비교를 하면 싫다고. 선생님은 별 뜻이 없어도 내가 상처를 받고 있으니 조심해 달라고. 만약 조처해 주지 않으시면 교감 선생님이나 교장 선생님께 부탁을 드리겠다고 말이야.

그 선생님이 네 말에 귀를 기울이지 않으면 이제 말로만 멈출 부분이 아니야. 너뿐만 아니라 여러 사례를 모아서 교감 선생님이나 교장 선생님께 알려 드려. 단순히 네 기분에 그런 것이 아니라, 객관적 사실이라는 것을 증명하는 노력은 해야만 해. 학교 차원에서 일을 그냥 덮으려 하면 교육청에 신고해도 돼. 너와 같은 피해자를 더 만들면 안 되니까.

남들과 비교해서 상처 주는 것 말고, 성추행하거나, 체벌하는 선생님도 똑같은 방식으로 문제를 해결해야 해. 네가 그런 선생님이 있는 학교에 다니고 싶은 게 아니라면, 다른 비슷한 문제로 고생하는 친구들을 모아서 움직여야 해. 그 순간 학교에 다니고 싶지 않은 것이 아니라, 오히려 학교에 나가서 적극적으로 싸우고 싶어질 거야.

이런 경험은 힘든 일이 생길 때 네가 자신을 제대로 지킬 수 있는가 하는 시행착오의 교훈을 얻게 할 테니 두려워하지 마. 끝까지 해결되지 않아서 신문에 나온 안타까운 사연은 그렇게 되었기에 언론에 나온 거야. 대부분의 문제는 그렇게 되기 전에 해결할 수 있단다. 그 선생님이 문제를 받아들이지 않아도 교감이나 교장 선생님이, 교감이나 교장 선생님이 받아들이지 않아도 교육청이, 교육청이 받아들이지 않아도 경찰이, 경찰이 받아들이지 않아도 언론이 도와줄 거야. 결국 그 사람의 잘못은 밝혀지게 되어 있어. 모든 사람이 너를 도와주지 않는 파렴치한일 확률은 아주 작단다. 네 노력으로 어느 단계에서는 더 이상 너와 같은 아이들을 해치지 못하게 될 거야.

선생님은 내가 믿고, 나는 선생님이 믿고……

세 번째, 나를 미워하는 선생님. 시간 대부분을 보내는 학교에서 선생님이 나를 미워하는데 학교에 가고 싶겠어?

"아, 저 인간이 왜 나를 미워하지?"

말만 이렇게 하고 분석하지 않으면 상황은 변하지 않아. 그러니 왜 미워하는지를 확인해야 해.

일단 미워하는지 자체를 확인해야 해. 딱 보면 미워하는데 왜 이런 확인을 하느냐고? 심리학에 "투사projection"라는 말이 있어. 내가 미워하는 대상인데, 거꾸로 그 대상이 나를 미워한다고 뒤집어씌우는 거지. 잘난 체하는 선생님을 싫어하는 학생 중에는 자기가 더 잘난 체하고 싶어 하는 성향이 있는 경우가 많은 것도 이 이론으로 설명이 돼. 학생 된 입장에서 교사를 이유도 없이 그냥 싫어하면 죄책감이 느껴지니까, 거꾸로 그 선생님이 나를 싫어해서 내

관심이란
마음을 열고
한발 다가가는 거부터
시작이야

가 싫어한다고 핑계를 대는 거야. 이런 것은 네가 가장 차분할 때 친구에게 물어봐야 해.

네가 먼저 미워한 것으로 나오면 그 이유를 분석해야 해. 이것은 학교에 있는 상담 선생님이 도와주실 거야. 그 선생님이 너에게 상처 준 가족을 닮았다거나, 싫어하는 친구의 특성과 비슷하다거나 하는 이유 등이 있어. 그래서 선생님과 네 상처를 분리해서 선생님을 덜 미워하게 하는 데 도움을 줄 거야. 그러면 학교 가서도 훨씬 심리적 부담 없이 지낼 수 있게 돼.

만약 선생님이 미워하는 게 맞는다면? 그 이유도 분석해야 해. 그 선생님의 심리적 결함 때문인지, 선생님이 학생은 무조건 귀찮아하는데 하필 네가 더 눈에 띄어 미워하는 것인지, 네 공부 때문인지, 말투 때문인지, 발표나 대답할 때의 태도 때문인지 등등. 이것도 학교에 있는 상담 선생님이 도와주실 거야.

왜 이런 상담을 하느냐고? 미움이라는 주관적 감정을 객관화해야만 해결할 수 있거든. 객관화하면 네가 못 보던 미움의 원인이 보여서 그것을 바꿀 단서를 찾게 돼. 마치 탐정이 사소한 것에서 문제 해결의 단서를 찾듯이 말이야.

사실 선생님이 너를 미워하는 게 네가 세계를 정복할 악당이나, 밤마다 몰래 살인을 하는 비밀을 알고 있다고 생각해서 그런 것은 아닐 거야. 뭔가 사소한 것이 심기를 건드리기 때문이야. 대부분 너를 오해해서 일 수 있어. 그러니 그 오해를 줄일 방법을 객관적으로 찾는 거야. "아, 왜 날 미워하지?"라는 답답한 마음으로는 보이지 않았던 것을 찾는 거야. 사소한 것이라서 쉽게 해결할 수도 있으니 부디 상담 선생님을 찾기 바라.

무관심한 선생님께는 관심 공격!

네 번째, 나에게 관심 없는 선생님. 미워한다기보다는 그냥 관심 자체가 없는 선생님. 마치 자기는 선생님이 아니라 그냥 안정적인 직업으로 선생님이라는 명함을 가질 뿐, 너에게는 관심이 없으니 그냥 알아서 하라고 놔두는 선생님도 있어. 그럴 때는 오히려 애들끼리 그 선생님을 미워하면서 단합이 되지. 하지만 내가 말하는 경우는 유독 나에게 관심 없어서 더 속상한 경우야.

비유해 볼게. 나에게 관심 없는 친구를 사귀려면 어떻게 해야 할까? 무조건 나와 사귀자고 하면 성공할 수 있을까? 아니면 그 사람이 좋아하는 것을 알아내서 공통점을 발견하는 것이 더 좋을까?

만약 선생님이 외모에 신경을 쓰는 사람이면? 처음에 네가 별로 그러고 싶지는 않아도 그 사람이 하고 온 옷이나 액세서리에 관심을 가지고 표현만 하면 돼.

"어, 오늘은 빨간 걸 하고 오셨네요?"

양 엄지를 치켜들고 과장해서 말하지 않아도 돼. 그냥 네가 본 사실 그대로 말해도 효과는 있어.

사실 그 선생님은 너를 미워한 게 아니라, 너가 누군지도 몰라서 관심이 없었던 사람이야. 그런데 자기가 좋아하는 것에 똑같이 관심이 있고 그 변화까지 챙기고 있다면 그 보답으로 너에게 관심을 되돌려 주고 싶어 할 거야. 일종의 심리적 빚을 만드는 거지. 백화점이나 시장에 가면 과장해서 칭찬하고 미안할 정도로 옷을 들고 나와서 펼치는 상인이 있지? 바로 심리적 빚을 느끼게 해서 그것을 갚아야 하는 부담감을 주기 위해서야. 그런 것과 상관없이 옷을 사지 않고 나오는 사람도 있지만, 대부분은 그러면 그다지 마음에 들지 않아도 옷을 사고 나오기 때문에 그런 전략을 포기하지 않는 거야.

네가 관심을 기울이면 상대방인 선생님은 심리적 빚을 느껴. 그래서 그 빚을 갚으려 관심을 가지지. 보통은 선생님 신분에 맞게 그 학생의 생활 지도와 공부 지도로 갚으려 한단다.

네가 관심을 받으려면, 특히 새 학기에 누가 누군지 모르는 상황에서라면, 네가 먼저 선생님이 좋아하는 게 무엇인지 관심을 가져야 해. 너는 교과목이 여러 개여도 그 시간에 만나는 선생님은 한 명이지만, 선생님은 여러 학생을 동시에 보는 입장이라는 것을 잊지 마. 애초에 일대일의 상황이 아니기에 네가 조금은 더 노력해야 하는 것은 어쩔 수 없어.

그리고 선생님과 관심을 주고받다 보면 재미가 있어서 누가 먼저 노력했는지는 그렇게 자존심 상할 문제가 아니라는 것을 알게 될 거야. 내가 독자 여러분에게 관심을 받으려고, 여태까지 썼던 글과 다른 말투로 이 책을 쓴 것이, 여러분이 마지막까지 잘 읽어 주기만 한다면 자존심 상하는 게 아닌 것처럼 말이지.